# Des #crits De Bonivard: Fragments D'une #tude Historique Et Litt#raire Sur Bonivard Et Gen#ve # Son #poque

Antoine Flobert

# DES ÉCRITS

DE

# BONIVARD.

Fragments d'une étude historique et littéraire

SUR

## BONIVARO ET GENÈVE A SON ÉPOQUE

par **Ant. FLOBERT**,

licencié ès-lettres

LAUSANNE,

IMPRIMERIE GENTON, VORUZ ET VINET.

1853.

# DES ÉCRITS DE BONIVARD.

---

1re PARTIE.

## HISTORIQUE.

—

### I.

Grâce à Byron et aux deux historiens qui, par leurs savantes recherches, ont, pour ainsi dire, ressuscité Bonivard[1], sa vie n'est plus ignorée du public. On sait généralement qu'il combattit et souffrit pour la liberté de Genève et que longtemps il resta captif dans l'obscur souterrain de Chillon. Mais ce que l'on sait moins communément, c'est qu'il mérite, par ses nombreux ouvrages, d'être mis au rang des bons écrivains du XVIme siècle, à côté de Brantôme, de du Bellay, de de Thou, de la Boétie, de Robert Estienne, et, peut-être même, non loin de l'illustre auteur des *Essais*.

Bonivard parut, malheureusement pour lui, dans un de ces siècles favorisés, si fertiles en grands génies, que la

[1] MM. Vulliemin et Chaponnière.

postérité, impuissante à les distinguer tous, n'a fixé ses regards que sur les plus éminents, laissant dans l'oubli beaucoup d'hommes qui, à des époques moins fécondes, auraient pu faire la gloire de leur patrie et l'admiration de l'humanité. — Bonivard fut contemporain de Luther, de Calvin, de Montaigne, de Rabelais, d'Amyot et de Machiavel; l'éclat de ces grands noms a fait pâlir le sien, et l'a tenu plongé dans l'ombre pendant près de trois siècles. — Est-ce à dire pour cela qu'il ne mérite pas de sortir de cette obscurité profonde? Ceux qui le connaissent en jugent autrement: ils pensent que ses écrits surtout doivent l'en tirer et lui assurer une célébrité, dont tant d'autres jouissent, qui sont loin d'en être aussi dignes.

Bonivard, appartenant à une des familles les plus anciennes, les plus nobles et les plus riches du duché de Savoie, et neveu d'un prieur de St.-Victor, avait reçu, sous la direction de cet oncle, une instruction fort complète. Destiné, dès sa naissance, à l'état ecclésiastique, ses études avaient été poussées beaucoup plus loin qu'il n'était ordinaire aux enfants de qualité. — Il avait passé quelques années à l'université de Turin, pour y apprendre le droit; et ses écrits prouvent, mieux encore que son titre de Docteur *in utroque jure,* qu'il avait fait une étude assez sérieuse de cette science ardue, et qu'il possédait une connaissance suffisante des principes de la législation. — Il avait terminé ses études à l'académie de Fribourg en Brisgau, en suivant les leçons du célèbre jurisconsulte Ulrich Zasius, qui professait avec un éclat extraordinaire.

Bonivard avait alors 19 ans. Il était docteur en droit civil et en droit canon, connaissait bien la littérature ancienne et l'histoire, savait, outre les langues classiques, l'allemand et l'italien, et faisait enfin assez facilement des vers latins ou français.

Il paraît qu'il fit ses premiers pas littéraires sur le terrain de la poésie et qu'il obtint tout d'abord un succès, car nous le voyons prendre en 1517 le singulier titre de Poète lauréat; mais on ignore quelle est l'œuvre qui lui valut une couronne et à quelle époque elle lui avait été décernée. — Cependant il ne continua pas ces essais et bientôt, les luttes politiques absorbant tout son temps et toutes ses pensées, il abandonna complétement la plume, pour ne la reprendre que vingt-cinq ans après.

## II.

Il est inutile de raconter ici la part qu'il prit à la révolution politique de Genève, l'influence qu'il y exerça, sa double captivité, ses démêlés avec les Genevois après sa délivrance, et son séjour à Berne de 1537 jusqu'en 1542.

Ces faits sont en dehors de notre sujet, et il nous suffit de constater qu'en 1542, les magistrats de Genève lui proposèrent de rédiger l'histoire de leur République.

L'ancien prieur n'eut pas de peine à accepter. Il se faisait vieux, et il était dur à son âge de passer le reste de sa vie loin du pays où s'étaient écoulées ses plus belles années et pour la liberté duquel il avait fait tant de sacrifices. Il aimait d'ailleurs les lettres et la philosophie; s'étant occupé toute sa vie de l'histoire de Genève, il se vantait de la savoir mieux qu'aucun homme de son temps, et désirait se trouver à même de l'écrire. La proposition du Conseil lui plut donc infiniment. Il paraît cependant ne s'être pas mis immédiatement au travail. Peut-être l'engagea-t-on à donner préalablement quelque preuve de son talent, ou voulut-il lui-même montrer qu'il s'acquitterait convenablement de la charge qu'on lui confiait, en faisant une traduction du livre de Postel sur les magistrats d'Athènes, qu'il offrit à l'un des chefs du nouveau gouvernement, Claude Roset, secrétaire du Conseil, ancien syndic et ami de Calvin. Il l'accompagna d'un longue lettre, dont le but évident était de gagner la faveur du parti dominant et surtout celle de son chef, sorte de profession de foi qui ne devait laisser aucun doute sur ses opinions.

Cette lettre et une ballade, composée par lui à la louange de la république genevoise, achevèrent de le réconcilier avec le gouvernement, et il revint habiter Genève. Ce ne fut cependant que quatre ans après qu'il s'occupa sérieusement de la rédaction des chroniques. — A la fin de 1546, il était déjà en mesure d'en lire une notable partie au Conseil, qui, pour le récompenser de son zèle, lui fit, selon l'usage du temps, don d'une paire de chausses.

Les magistrats faisaient d'ailleurs tous leurs efforts pour lui faciliter le travail. Ils recherchaient les anciens titres, pour les lui communiquer, l'autorisaient à prendre un secrétaire aux frais de la ville, et lui promettaient enfin de lui aider en tout ce qui serait possible.

Mais leur bon vouloir était trop souvent insuffisant, et Bonivard rencontrait à chaque instant une foule de difficultés imprévues, qui souvent le décourageaient; la principale était le manque presque absolu de documents. Malgré les promesses du Conseil, on ne lui communiquait que fort peu de titres, et il en était réduit à se servir de quelques vieux extraits que lui avaient prêtés ses amis; maigre ressource, dont il ne tirait que peu de profit et qui n'avançait guère son travail. Aussi adressa-t-il au Conseil, en juin 1547, une requête dans laquelle il posait, pour ainsi dire, ses conditions, et traçait la marche à suivre dans cette affaire.

## III.

« Selon mon advis, disait-il, l'ordre qui se devra tenir pour faire les chroniques sera tel : Premièrement fault que Mess. notent que quant les commençay, je n'avoye pas grandes informations, sinon de quelques vielz extraictz que l'on m'avoit prestés çà et là. Et si Mess. m'eussent du commencement communiqué ce qu'ilz eussent peu fournir de tiltres, elles fussent maintenant faistes, sinon en l'ordre que elles méritoient, au moins comme l'eusse sceu et pensé. Or vaut yl mieulx tart que jamais. Et pour tant seroit de besoing qu'ilz commissent des gens qui cherchassent leurz tiltres et en fissent ung inventaire pour le me communiquer, — lequel aiant veu, je sçauray et esliray ce que me pourra servir à mon désigne. Et lors, par ung secretaire que ay pris, homme de bien, la substance en sera tirée en françois de ceux qui me besoigneront, pour la mectre en mon livre, ce que ne sera seullement convenable pour leurs chroniques mais pour leurz aultres affaires, car quant à moy, je ne sçauroie prendre la paine de traduire ces menues choses. — Afin que temps ne se perde, je travailleray cependant sur ce que escritz de present, car je suis venu jusques à la prise de Pecollat et continueray à l'aide de Dieu jusques au temps que fus prisonnier à Chillon, mais je ne peulx poucer plus oultre, à cause que ne suis informé plainièrement des affaires que sont despuis sourvenuz. Mess., la Dieu grace, hont des gentz scavantz en leur ville maintenant et qui sont de ce temps mieulx informés que moy, lesquelz ilz pourront emploier en ceste besoigne. — Combien que M. Blecheret m'aie communiqué le procès de Berthelier et le Seig^r Roset tout plain d'aultres informations, ce nonobstant, yl y peut avoir des choses beaulcop que ne sont illec escrittes; et pour tant seroit expédient que Mess. députassent certaines gens anciens de mémoire des affaires de alors, aulsquelz je communiqueray les chapitres de ce qu'ay escrit de nostre temps de présent, ceulx que feray dicy en avant, l'ung après l'autre, à ung chascung son double que feray escrire au secretaire, affin qu'ilz advisent s'il y fauldra oster ou diminuer, puis m'en rescriront chascung leur advis. — Quant tout sera faict jusques au temps que j'ay dessus escrit, il faudra que mon secretaire double ce que j'auray faict et y adjouxter les informations que j'auray despuis receues. — Il plaisra à Mess. avoir regard sus la despense et gages de mon secretaire, affin que je ne labeure et despende ensemble. — S'il fault que cecy dure jusques à l'yver, de quoy je ne doubte, à cause de faulte d'informations que j'ay eues par cydevant, il ne seroit pas convenable que j'escrivisse ou lieu auquel moy et ma famille beuvons et mangeons ordinairement; ains sera plus convenable de faire mon estude aultre part et fauldra un feu d'avantage; par quoy il plaisra à Mess. y avoir advis et regard. — S'il me failloit quelques livres ou tiltres que je n'eusse point (ce que je ne crois pas que soit grande chose) commander à Mons^r le Trésorier fournir pour les avoir. — Touchant à mon labeur, je m'en remetz à leur discrétion; ayant achevé leur besongne, sy mesdictz seigneurz me font quelque bien, je ne suis pas pour le reffuser, et me donneront tousiours meilleur courage, ce que j'ay et auray encore sans cela. »

Le Conseil lui accorda toutes ces demandes, sauf quelques modifications : on trouva par exemple qu'il pouvait bien écrire l'histoire de ce qui s'était passé pendant sa détention, en prenant des informations auprès des hommes qui avaient assisté aux événements. — On consentit bien à communiquer son travail aux experts qu'il avait désignés, chapitre par chapitre, mais à la condition qu'ils n'y feraient aucune correction, et qu'on lui laisserait besoigne du tout, toutefois avec bon conseil qu'il prendrait « Et qu'il écrive à la vérité jouxte sa conscience, » disait le Conseil.

## IV.

Malgré cette décision, il paraît qu'il ne parvint que difficilement à se faire remettre les pièces dont il avait besoin. Dépité, il demandait parfois aux magistrats s'ils voulaient, oui ou non, qu'il continuât son travail. On lui promettait aussitôt de lui communiquer tous les actes d'heure en heure, si la chose était possible, et il reprenait courage jusqu'à ce que de nouvelles entraves le forçassent à faire de nouvelles réclamations, que le conseil accueillait du reste toujours favorablement. A sa requête, on l'autorisa à faire l'acquisition, au prix de 20 florins, des *Chroniques des ligues* de Stumpff, qu'il traduisit; on paya à Berne une dette de 4 écus qu'il y avait faite et pour laquelle il avait laissé ses livres en gage; on les retira et on les lui remit, à la condition qu'à sa mort il les laisserait à la ville, *pour fonder une librairie.* On jugea même à propos, pour lui éviter l'ennui des recherches, de charger Claude Roset de mettre en ordre les droits de Genève, moyennant un traitement fixe.

Grâce à ces encouragements, Bonivard put enfin travailler utilement et rapidement. En septembre 1548, ses chroniques allaient déjà jusqu'en 1527 ; six mois après, elles atteignaient 1530. Mais elles ne furent pas poussées plus loin, malgré l'ordre qui lui avait été donné de les continuer jusqu'en 1536, aux frais du pays. — Bonivard, aidé d'Antoine Froment, qu'on lui avait donné pour secrétaire, avec traitement de 2 écus par mois, les corrigea et les remania pendant l'année 1550. Enfin, au commencement de l'année suivante, il les remit au conseil, mais sans pouvoir obtenir la permission de les faire imprimer. Elles sont restées manuscrites jusqu'à notre époque, et ce n'est qu'en 1831 qu'un Genevois a eu l'idée de les publier pour la première fois.

Cet ouvrage important n'est pas, du reste, le seul que produisit Bonivard pendant les cinq années qu'il mit à le faire. Outre sa traduction de Stumpf, il écrivit encore un traité sur les degrés de la noblesse, et un opuscule sur le supplice des Jacobins de Berne, qui n'était peut-être qu'un fragment des chroniques des Ligues. Ces deux morceaux furent soumis à l'examen de Calvin, et, sur son avis, on autorisa l'auteur à les faire imprimer (mai 1549). On ignore s'il profita de cette permission.

## V.

Il paraît que ses chroniques, quoique restées manuscrites, ne tardèrent pas à attirer l'attention publique ; leur réputation s'étendit même au dehors. Dejà en 1547, Ribet, *liseur en grec* à l'académie de Lausanne, écrivait à son compère et ami Bonivard (clarissimo, eruditissimo, generosissimoque viro), pour lui exprimer le désir de voir bientôt son travail achevé. Il terminait ainsi sa lettre : « Vale, Μισοτυραννε liberrime. Chronicorum absolutionem avidissime expecto. Exple, quæso, desiderium nostrum. » Mais, si la plupart de ceux qui connaissaient les chroniques partageaient les opinions du *chronicateur* et approuvaient son point de vue, quelques-uns ne le jugeaient pas aussi favorablement; il parut même à Lyon une réfutation de son livre, vers la fin de 1551 ou au commencement de l'année suivante, dans laquelle le critique attaquait à la fois l'honneur de Genève et la bonne foi de l'historien. Bonivard reprit aussitôt la plume pour répondre à son contradicteur, et, du consentement du Conseil, fit un petit traité qu'il demanda l'autorisation de publier. Calvin et deux conseillers, chargés de l'examiner, lui furent favorables. Cependant ils trouvèrent que certains passages, dans lesquels il parlait en termes peu mesurés des seigneurs de Berne et de Fribourg, devaient être corrigés, et que, de plus, le style en était trop grossier. On ne lui accorda donc la permission demandée qu'à la condition qu'il supprimerait les passages en question, et polirait le langage du mieux qu'il pourrait; mais il paraît qu'il égara le manuscrit. Obligé de refaire son travail, il dut le soumettre de nouveau à la censure des experts; on ignore le résultat de ce second examen. Enfin, l'année suivante (1553), voyant qu'il ne pouvait parvenir à faire imprimer les chroniques, il en détacha des fragments concernant particulièrement la description de Genève, et en fit un petit livre, qu'on lui permit de publier.

La seigneurie de Genève ne fut pas ingrate à l'égard de son historien: outre le traitement fixe qu'elle lui avait assigné, elle crut devoir le récompenser largement de ses peines et labeurs, quand il eut terminé son travail, et lui fit donation perpétuelle du prix de deux maisons appartenant à la ville et qu'il avait achetées en 1546 pour la somme de 325 florins; en sorte qu'il s'en trouva propriétaire, sans avoir payé autre chose que les droits de lods et ventes.

Cette libéralité dut achever de l'attacher au parti calviniste, qui gouvernait toujours; aussi se déclara-t-il contre les Libertins lorsque ceux-ci tentèrent, pour la dernière fois, de ressaisir le pouvoir (1550-1555).

## VI.

Nous ignorons quel rôle joua Bonivard dans ces graves événements; il est probable que son âge, sa position, et le peu d'influence qu'il avait alors, l'empêchèrent d'y prendre une part bien active. Cependant il est certain que, s'il ne figura pas parmi les combattants, il se prononça du moins contre les Libertins vaincus, et se servit de sa plume pour achever de les perdre dans l'opinion. Un pamphlet signé de lui, mais fait probablement en collaboration avec Froment, parut bientôt, renfermant toutes les calomnies répandues sur eux (1556). C'est le traité de l'*Ancienne et nouvelle police de Genève,* tissu de mensonges, d'injures, d'accusations frivoles et dénuées de preuves, qu'on ne pourrait croire sorti de la plume spirituelle et sans fiel de Bonivard, s'il ne portait son nom. — Les opinions exprimées dans ce libelle odieux, étaient-elles bien réellement les siennes? de secrets motifs ne l'avaient-ils pas contraint à l'écrire? n'avait-il consenti à désavouer ainsi son passé et à écraser ses anciens amis, que pour acquérir le droit de terminer en paix une vie commencée au milieu de tant de traverses et d'agitations?

Ou bien écrivait-il de bonne foi, sans restriction, prenant les Libertins pour des perturbateurs et de mauvais citoyens, et parlant selon sa conscience? Questions insolubles pour nous.

Mais il paraît que le parti vaincu prit au sérieux son attaque et lui en garda rancune; car, un jour qu'il passait avec sa femme et son beau-fils près du pont d'Arve, quelques condamnés l'outragèrent, prenant à sa femme son *couvre-chef* et au jeune homme son *haquebutte*. — Cependant un fait parle en faveur de Bonivard : peu de temps après la sédition, il alla supplier le conseil de pardonner à la femme de son filleul Berthelier, qui, compromise dans l'affaire, avait été jetée en prison; et, sur sa demande, on arrêta que l'on abrégerait autant que possible la détention, *pour l'amour de lui*; ce qui prouve à la fois, et qu'il jouissait de la faveur des magistrats, et qu'il n'avait pas perdu sa générosité naturelle.

Depuis lors il paraît être demeuré complétement étranger aux affaires politiques de Genève. Il ne s'occupa plus que de ses intérêts domestiques et de quelques travaux littéraires. Il composa ou acheva (de 1556 à 1562) ses différents traités sur *les trois états politiques*, sur *l'état ecclésiastique*, *la tyrannie papale et les difformes réformateurs*, sur *les langues, l'origine du péché*, *le mensonge*, etc., dont il fit, en 1562-1563, une copie que possèdent encore les archives de Genève.

## VII.

Les dernières années de Bonivard n'offrent aucun intérêt. Un seul fait, relatif à notre sujet, nous reste à signaler. —

En 1564, le pauvre vieillard fut accusé d'avoir fait, ou du moins signé, une chanson contre les ministres et la Réformation. Ses vers, qui ne nous sont pas parvenus, mais qui, selon le registre du Conseil, « étaient du tout indignes d'un chrétien, » le firent citer devant les magistrats. Il prétendit que sa signature avait été falsifiée et contrefaite, et nia avoir composé cette pièce. On s'informa du fait auprès des gens qui fréquentaient sa maison ; ils reconnurent bien sa signature, mais déclarèrent qu'ils n'avaient jamais vu cette chanson chez lui, et « qu'elle n'était pas de son style et veine. » Ce qui n'empêcha pas le Conseil de le condamner à confesser en Consistoire sa faute « d'avoir signé cela inadvertement, ou (s'il en était vraiment l'auteur) d'avoir mal et méchamment agi, détestant ce qui y était contenu, et s'offrant de soutenir le contraire, et l'honneur de Dieu et de ses serviteurs, » et enfin à redemander la Cène.

Usé par l'âge et les infirmités, Bonivard s'éteignit tristement et dans la solitude, sans amis, sans famille, au milieu d'une génération qui le connaissait à peine et qui le vit mourir avec indifférence. Les flots de tant de révolutions avaient passé sur sa tête, que, quand il termina sa longue carrière, bien des Genevois l'avaient oublié ou ne savaient rien de sa vie ni de ses écrits.

Ce fut vers la fin de 1570 qu'il mourut, âgé de 77 ans, laissant la majeure partie de ses biens à la ville de Genève, qui les appliqua à l'entretien de son collége, selon la volonté du testateur. — Ses livres formèrent le premier fonds de la bibliothèque publique.

2me PARTIE.

# ANALYSE.

---

Presque tous les écrits de Bonivard ont été conservés. On possède encore à Genève ses *Chroniques*, son *Traité de l'ancienne et nouvelle police*, ses *Advis et devis de la noblesse, des trois états politiques, de l'état ecclésiastique et de la tyrannie papale, des difformes Réformateurs, de l'origine du péché, du mensonge, des miracles et des langues*, et sa *Traduction des chroniques de Stumpf*. La plupart de ces ouvrages sont restés inédits. Trois seulement ont été publiés : les *Chroniques de Genève*, le *Traité de l'ancienne police*, et l'*Advis des langues*.

Ceux qui nous manquent sont : l'œuvre qui valut à Bonivard le titre de poète lauréat, ses *Traductions du livre de Postel sur les magistrats d'Athènes et de l'histoire du concile de Constance*, par *Stumpf*, ses *Menues pensées*, un *Advis et devis sur la défense de la foi chrétienne*, un *Traité sur les capitaines généraux de Genève*, et l'*Histoire des Jacobins de Berne brûlés avant la Réforme*. Peut-être ces deux derniers écrits n'étaient-ils que des extraits du *Traité de la police et des chroniques de Stumpf*. A l'exception de l'*Avis sur la défense de la foi chrétienne*, ces productions n'offraient sans doute qu'un médiocre intérêt, et nous avons certainement, dans ce qui nous reste de Bonivard, la partie essentielle de ses œuvres. On en jugera par l'analyse qui suit.

## TRADUCTION DES CHRONIQUES DE STUMPF.

Avant de parler de ses productions originales, disons un mot de sa *Traduction des chroniques de Stumpf.* Il ne nous en a donné qu'une partie : les premiers livres, comprenant une description et une histoire de l'ancienne Gaule, l'histoire Romaine et celle des empereurs d'Orient et d'Occident et des rois de France, jusqu'à Hugues Capet ; et les derniers, qui concernent plus particulièrement la Suisse. L'écrivain allemand avait continué l'histoire de France jusqu'à la prise de St.-Dizier, par Charles V (1544) ; mais le traducteur crut inutile de donner cette partie de l'ouvrage. Il lui suffisait d'avoir mis en gaulois ce qui pouvait intéresser la nation gauloise ; « Françoyse ne veulx je pas dire, observe-t-il, car nous ou Helvetteriens n'avons jamais esté subjectz à la France. » Il lui semblait qu'il s'était acquitté suffisamment de son office et avait rempli le devoir d'un *bon paysan* (patriote), en faisant ce travail, et que continuer sa traduction serait plutôt fâcher les liseurs que leur complaire, vu qu'ils étaient instruits de ce dont parlait l'auteur par tant d'autres écrivains, que non-seulement ils en devaient être assouvis, mais fâchés.

L'esprit indépendant et quelque peu vagabond de Bonivard, ne pouvait guère s'astreindre à suivre pas à pas et servilement son guide ; aussi sa traduction est-elle des plus libres. « Je raconterai, » dit-il quelque part, « ce que Stumpf a dit en alleman, non touttes fois m'astreignant à luy, mais adjouxtant mon advis au sien. » C'est précisément ce qu'il a fait pour les *Chroniques des ligues,* semant le récit de réflexions sur les événements, ou de remarques sur la signification des mots germaniques, intercalant même des faits que Stumpf avait négligés, ou qu'il n'avait pas suffisamment dévoloppés au gré du traducteur. C'est ainsi qu'il y inséra les seuls détails qui nous restent sur sa captivité de Chillon, et la relation de la prise de ce château par les Bernois en 1536.

Le livre de Stumpf, qu'il lut et traduisit pour son instruction, lui fut d'un très grand secours et lui donna des lumières qui lui manquaient pour apprécier, à leur juste valeur, les prétentions des comtes de Genevois sur Genève. Il y trouva, comme il l'avoue lui-même, par accident, ce qu'il avait longtemps cherché pour néant : l'origine des titres et des droits que s'attribuaient les ducs, comtes, marquis, etc., qui, de simples officiers temporaires, étaient devenus des princes souverains héréditaires; il en conclut que les ducs de Savoie prétendaient à tort à la souveraineté de Genève, et que leur autorité n'était pas supérieure à celle des évêques, comme lui-même l'avait toujours cru, selon la commune opinion.

Ce sont les idées qu'il a émises dans son histoire de Genève et dans la première partie du *Traité de la noblesse*, dont nous parlerons bientôt. Mais, en se les appropriant, Bonivard ne chercha pas à cacher la source où il les avait puisées, et il laissa tout le mérite de l'invention à l'historien allemand.

---

## CHRONIQUES DE GENÈVE

### I.

Ce fut après avoir fait cette étude préparatoire, qu'il écrivit les *Chroniques de Genève*, la plus importante de ses œuvres.

Nous en avons donné plus haut l'historique; tâchons maintenant d'en exposer le but, le plan, les qualités et les défauts.

L'auteur commence par dédier son livre aux Syndics et Conseil de Genève; mais, au lieu de leur donner les titres fastueux de magnifiques, puissants, excellents, très illustres, très redoutés seigneurs, et autres semblables, *dont on les honoroit coustumièrement*, il ne les qualifie que de Très fidèles et, pour ce, très heureux princes. Et c'est précisément pour rendre compte de cette nouveauté qu'il a entrepris d'écrire son histoire.

Son principal but est de prouver que les anciennes qualifications données aux magistrats étaient impropres et indignes des chefs d'une république, tandis que celles qu'il propose sont justes et méritées.

Ils pouvaient s'appeler Très fidèles, parce que, pour défendre la liberté que Dieu leur avait donnée, ils avaient souffert mille maux, sans jamais avoir le cœur lâche, conservant toujours leur espoir et leur foi. Et cette fidélité les avait rendus très heureux, parce que Dieu en avait tenu compte, n'avait pas voulu les frustrer, et leur avait donné, non-seulement la liberté temporelle, mais encore la spirituelle, en les délivrant à la fois, et de l'oppression du duc de Savoie et de la tyrannie du pape, *malgré leurs dents;* et en leur donnant la lumière en telle abondance, que les étrangers eux-mêmes en jouissaient, et que Genève était devenue son Bethléem, sa maison de paix pour les élus et les persécutés.

Les chroniques ont encore un autre but : A l'aspect des étranges changements, survenus depuis le commencement du XVI^me^ siècle, tant dans la forme de Genève, que dans sa constitution; dans les mœurs, les usages, les idées et la religion des habitants, les uns en disaient du bien, les autres du mal; en sorte qu'elle était devenue, selon l'expression du chroniqueur, *un suppôt duquel se tenaient les propos les plus divers.*

De là la nécessité de mettre par écrit les événements passés, et pour avancer la gloire de Dieu, et pour instruire les hommes, surtout les Genevois, dont la plupart ignoraient leur histoire, faute d'avoir étudié les rares documents constatant les droits de la cité, documents qui leur étaient cependant plus utiles que des murailles, des tours et des boulevards; car on y trouvait la preuve que la maison de Savoie n'avait aucun pouvoir à Genève, et que l'évêque lui-même tenait le sien de la ville, qui avait le droit de le lui enlever. Si l'on en avait eu connaissance lors des débats avec le duc de Savoie, le procès en eût été plus court et les frais moindres; « mais, dit Bonivard, puisqu'il ne s'est fait pour éviter dépenses passées, tâchons qu'il se fasse pour se garder de l'avenir. »

Enfin, le chroniqueur veut prouver, par les faits, que de tout temps Dieu avait choisi Genève, pour y exécuter ses merveilleux desseins; l'ayant défendue contre les entreprises des princes, soutenue dans ses adversités, relevée quand elle semblait abattue, délivrée de la tyrannie et lui ayant envoyé des hommes sages et éclairés, pour lui donner de bonnes lois et la lumière spirituelle; « chose si merveilleuse, dit-il, que l'on peut crier, comme quand tombait la manne : Manhu! Manhu! Qu'estre cy? Qu'estre cy? »

Tout son livre a pour but de prouver l'action de la Providence dans les révolutions humaines, de démontrer que Dieu est le seul sage et la sagesse même, le seul puissant et la puissance même, qu'il n'a pas besoin de coadjuteur pour faire ce qui lui plait, et que ce n'est qu'en restant fidèle à la loi divine, que Genève a obtenu du ciel sa liberté spirituelle et temporelle.

## II.

Le plan des chroniques de Bonivard est bien conçu, qualité rare chez les historiens de cette époque.

L'auteur ne se borne pas à raconter les faits; il en cherche les causes et les conséquences; c'est par l'étude du passé qu'il veut comprendre le présent et, jusqu'à un certain point, prévoir l'avenir. Reconnaissant un enchaînement providentiel dans les événements, et persuadé de l'unité de l'histoire, de la logique des faits, et de l'action continue de Dieu dans les affaires de ce monde, il juge impossible de séparer un siècle de ceux qui l'ont précédé et produit; et, si les documents lui manquent pour connaître à fond les commencements de Genève, il fait du moins tous ses efforts pour dissiper l'obscurité qui les couvre, afin d'éclairer d'autant mieux les faits qui en découlent.

Exposant d'abord les opinions diverses émises sur la fondation et l'origine de cette ville, il en fait une critique spirituelle et sensée, et prouve, avec autant d'esprit que de bon sens, que cette origine est incertaine, et que ceux qui ont essayé d'en fixer la date, ont inventé des fables, pour relever la gloire de leur patrie aux dépens de la vérité; « car chacun, dit-il, désire faire l'éloge de son pays, et ce que l'on ne peut prouver par des faits, se dépêche avec mensonge. Si le père a menti à simple, le fils le fera à double; il faut toujours enrichir le conte de quelque peu. »

Il loue dans tous les cas le fondateur de Genève de deux choses : du lieu plaisant et délectable qu'il a choisi pour elle, et de la constitution merveilleusement bien ordonnée dont elle jouissait dans le principe ; « desquelles deux choses faudra deviser, » dit-il.

Il passe donc à la description de Genève, telle qu'elle était au XV$^{me}$ siècle. Rues, faubourgs, châteaux, couvents, églises, hôpitaux, paroisses, tout est nombré et décrit avec la plus grande exactitude ; les distances même sont consignées dans son travail, ainsi que les inscriptions antiques qu'il a pu découvrir.

Mais il était moins facile de donner une idée exacte et précise de la constitution primitive de la cité. Il trouve lui-même la chose impossible, vu la perte des anciens documents, dont il attribue la destruction au temps, *qui est un grand cas et qui ronge toutes choses*, aux barbares, aux incendies, à la négligence des citoyens, à la mauvaise foi de certains magistrats qui avaient vendu ou donné les pièces les plus précieuses, et enfin à l'ignorance générale ; « car il nous faut confesser, dit-il, que sommes en païs environné de montaignes, assez rude et barbare, auquel on ne s'est jamais guères addonné à lectres, ny conséquemment a-t-on pris diligence pour réduire nos faictz en mémoire ; ains a souffist à noz ancestres de jouir des choses qu'ils ont par leur labeur acquises, durant leur temps, sans soy soucier de ceulx qui viendroient au monde après eux. »

Il donne cependant, d'après Stumpf, d'assez longs détails sur les temps qui précédèrent l'invasion des Barbares, sur les Allobroges, l'étendue de leur pays, les luttes qu'ils soutinrent contre les Romains, leurs défaites et leur soumission ; sur l'introduction de la foi chrétienne en Gaule et particulièrement à Genève, l'installation des évêques, l'invasion des Bourguignons, la conquête des Francs sous Clovis et ses fils, enfin sur l'origine des fiefs, des offices (duchés, comtés, etc.), et sur la manière dont ils devinrent héréditaires.

Mais, faute de documents, il saute par dessus les cinq siècles qui suivirent la domination des Francs et ne commence vraiment son histoire qu'au XII^me^ siècle.

Cette fâcheuse ignorance des commencements de Genève, de sa constitution municipale sous les Romains, et des changements que lui firent subir les invasions et les différentes dominations sous lesquelles elle passa, l'empêche d'apprécier aussi bien qu'il aurait pu le faire, mieux informé, les prétentions des trois pouvoirs qui se disputaient la suprématie dans la cité. Il ne laisse pas cependant, en prenant pour guides son bon sens et la science de Stumpf, de décider la question avec justesse et sagacité. Se rappelant les leçons de Zasius, il expose avec clarté l'origine du titre de comte, et prouve d'une manière satisfaisante que le comte de Genève, en particulier, était un simple officier, vassal de l'évêque, seul souverain temporel et spirituel; ce qui le conduit à expliquer le sens du titre de *Vidomne*, que portait primitivement le comte et plus tard son lieutenant. Dans cette discussion, Bonivard est presque à la hauteur de la science moderne. « Au commencement, » dit-il, « les évesques et singulièrement ceux qui avoient jurisdiction temporelle, prenoient des laïcz pour leurs coadjuteurs en la temporalité, auxquels ils donnoient du revenu de l'Eglise pour entretenir leur état, ce qui se faisoit pour que les évesques ne fussent occupés qu'à prier Dieu et prescher, laissant la charge des affaires séculières aux dessus dictz. Ils les nommaient par divers noms : Vicedominos ecclesiarum, vidomnes ou lieutenants du Seigneur de l'Eglise; Advocatos ecclesiarum, en allemand Kirchenvogt ou advoyers des Eglises. »

III.

Si le chroniqueur, faute de documents, en est réduit aux conjectures sur la constitution primitive de Genève, il n'éprouve pas le même embarras à l'égard de son organisation dans les derniers temps du moyen âge, et il en expose les bases avec une parfaite précision.

Elle eût été, selon lui, aussi bonne que possible, si l'on eût voulu l'observer; car, reconnaissant avec Aristote et la plupart des anciens philosophes, que les trois formes ordinaires de gouvernement (monarchie, aristocratie et démocratie) sont sujettes à se corrompre et à tomber en tyrannie, oligarchie ou anarchie, il croit, comme Machiavel, son contemporain, que la chose publique qui veut fleurir et prospérer, doit choisir un mode de gouvernement qui participe des trois autres, et réunir dans la même constitution un prince, des grands et la puissance du peuple; afin que ces trois autorités se surveillent réciproquement, que le prince ne puisse devenir despote, que l'aristocratie ne s'empare pas du bien public, et que la démocratie ne dégénère pas en anarchie. Et il trouve que la constitution de Genève répondait précisément à cet idéal de gouvernement.

Elle avait son évêque pour monarque, non point donné par le pape, mais postulé par le peuple et élu par le clergé. Il ne gouvernait pas comme seigneur, mais comme prince seulement, ne pouvant excéder la loi, dont il n'était que le ministre. — Le chapitre, les syndics et le conseil de la ville formaient l'aristocratie qui gardait le prince de se *desbourber* et de passer ses limites. Enfin la démocratie y avait sa part quand, dans les occasions graves, le peuple tout entier était appelé à se prononcer sur les affaires publiques, à faire des statuts pour l'avantage de la ville, mais non sans la sanction des deux autres pouvoirs, afin qu'il ne pût se déborder de liberté en licence et abandon.

« Malheureusement, dit Bonivard, de cette organisation nous avons tant seulement trouvé l'ombre, ou une monstre bien petite : cela ne demeura guère sans être corrompu, car de notre temps il n'y avait substance de liberté, mais une forme seulement. Toute loi contre discipline était corrompue. Les princes avaient converti juste et légitime principauté en domination tyrannique, les peuples liberté en toute licence et désordre. »

Deux causes avaient, à son avis, amené cette corruption : les envahissements des comtes et la nomination des évêques par le pape, au mépris des privilèges de la cité ; c'est ce que les faits doivent prouver ; il ne lui reste plus qu'à les exposer, qu'à raconter les luttes soutenues depuis le XII^e^ siècle par les évêques contre les comtes, pour défendre leur indépendance, l'appui donné par les empereurs aux prélats, et les vains efforts de la maison de Savoie pour s'immiscer dans les affaires de Genève, jusqu'à la fin du XV^me^ siècle.

Toute cette première partie du récit est exacte ; les faits s'appuient le plus souvent sur des actes, méthode dont la science a depuis reconnu la supériorité et la nécessité, mais qui n'était pas alors en usage. Bonivard en est, jusqu'à un certain point, l'inventeur. Un des premiers il a compris la nécessité de donner à l'histoire une base plus solide que l'imagination ou la tradition, et de mettre sous les yeux du lecteur les pièces du procès, afin qu'il fût à même de porter un jugement rationnel.

## IV.

Mais c'est surtout quand il raconte son époque, que ses chroniques intéressent et captivent l'attention. Ce n'est plus, à proprement parler, une histoire, mais des mémoires pleins de vie et de mouvement, manquant parfois d'impartialité, mais compensant ce défaut par la vérité et l'éclat du coloris, la hardiesse et la vigueur du dessin, l'énergie de l'expression. Si d'ailleurs on les compare aux autres mémoires du temps, on ne peut que s'étonner de la réserve et de la modération de Bonivard, qui devait se croire en droit de rendre avec usure les insultes qu'il avait reçues et de se venger des maux qu'on lui avait fait endurer. Mais il paraît s'être défié lui-même de ses préventions; et, bien qu'il ne lui fût pas toujours possible de s'oublier dans des querelles dont il avait été parfois le sujet, bien que l'on retrouve souvent dans le chroniqueur le prieur de St.-Victor et le prisonnier de Chillon, on reste convaincu, après l'avoir lu, qu'il fit tous ses efforts pour ne pas s'écarter de la vérité.

Il refusa, par exemple, de tracer le portrait du duc Charles III. « Ayant reçu, disait-il, plusieurs maux de lui, si j'en parlais en mal, on pourrait me soupçonner de le faire pour me venger; si j'en disais du bien, on m'accuserait de le faire pour acquérir de la gloire et me montrer au-dessus de la vengeance. C'est pourquoi je ne veux parler que de ses œuvres, laissant au lecteur le soin de les juger; et je ne puis être suspect de menterie, vu que je ne parlerai que des choses manifestes. »

Cette réserve et ce désir de rester impartial ne l'ont pas cependant préservé des accusations les plus violentes. On n'a pas manqué de lui reprocher sa vanité, son esprit de vengeance et de haine, son ignorance et sa mauvaise foi. Il avait prévu lui-même ces attaques, et il y avait répondu d'avance; voici sa défense :

Il n'a pas écrit ses chroniques dans une pensée de vanité et de présomption. Mais ayant eu assez souvent *l'oreille tirée* pour pouvoir se rappeler les événements auxquels il avait assisté, instruit à fond du passé de Genève, grâce aux études auxquelles il avait eu le loisir de se livrer, il avait cru devoir le faire connaître à ses contemporains et à la postérité, sachant qu'aucun de ses anciens compagnons n'était en mesure de le faire.

En essayant de débrouiller les obscurs commencements de Genève, il ne se dissimulait pas l'inutilité de ses efforts; mais il pensait, avec raison, qu'on ne devait pas laisser de décrire le peu, quand on ne pouvait pas en avoir davantage.

« Parce que la saison est stérile et brehaine, disait-il, et que l'on n'en peut faire grand recueil, ne s'en suit pas que l'on doive laisser de recueillir ce que l'on pourra; si je ne peulx tout savoir et entendre des affaires de la ville, je ne veux laisser de manifester ce que j'aurai pu entendre. »

Il savait bien qu'il ferait une œuvre incomplète, mais il espérait que les lecteurs s'en contenteraient et accepteraient le bon vouloir pour l'effet. Quant aux faits qu'il avait vus, nul n'était plus à même de les raconter; car, ne se fiant pas à sa mémoire, il en avait tenu note, dans l'espoir d'en compiler histoire, si Dieu lui prêtait vie. Cependant il ne prétendait pas tout savoir. Il lui suffisait d'avoir commencé le travail; d'autres s'en serviraient et le continueraient. « Si je ne suis, disait-il, assez bon maître pour maçonner en tel édifice, je serviray néantmoins à porter les pierres et les livrer aux maçons pour ce faire experts et diligents. »

## V.

Accusé d'avoir écrit plutôt comme avocat en sa propre cause, que comme historien impartial, il laisse le choix à ceux qui lui font ce reproche, de le juger ou historien ou avocat; car il ne méprise pas de défendre avec la plume, en temps de paix et de tranquillité, le bon droit de ceux qu'il a défendus, en temps de troubles et de guerres, au péril de sa personne et de son bien.

Mais qu'au lieu de considérer celui qui parle, ils pèsent seulement ce qu'il dit; qu'ils voient si c'est mensonge ou vérité; bien que, pour lui, il ne se vante pas de toujours être dans le vrai, chose impossible autant à lui qu'aux autres historiens, qui ne pouvant avoir tout vu ce qu'ils rapportent, sont souvent obligés de suivre le récit des autres, et de revendre comme on leur a vendu.

Il suffit, selon lui, que l'historien ne mente pas; car ce n'est pas son devoir de ne dire que la vérité, mais seulement de tâcher de la dire, et de ne jamais parler contre sa pensée, en affirmant pour vrai ce qu'il sait être faux.

« Touchant à moy, dit-il, je ne veulx pas, soit comme historien, soit comme advocat, militer contre vérité. Ce que je scauray certainement je l'affermeray; des choses doubteuses j'en parleray en doubte, laissant aux liseurz le jugement. Mon œuvre montrera l'intention de l'ouvrier. »

Mais quand il aura satisfait ceux qui détestent le mensonge, comment contenter ceux que blessera la vérité? car les affaires du monde se démenant par les hommes qui sont hommes et par conséquent pécheurs, le péché les induit à n'être jamais d'accord, mais à se battre et à s'entretuer pour des causes parfois également injustes, en sorte que souvent les deux partis ont tort. Mais nul ne voulant l'avouer, et chacun cherchant à se justifier par l'injustification de son adversaire, il est fort difficile de rester dans le vrai sans mécontenter l'un ou l'autre parti. Comment le chroniqueur évitera-t-il ces écueils, surtout si son histoire se publie de son vivant? Dire vérité de ses ennemis et de ses amis n'est pas le moyen d'effacer la haine ni d'entretenir l'affection. Il ne peut donc attendre d'autre récompense de ses labeurs que ressentiments et mallegrâce, danger conséquemment de tous côtés.

Telles étaient les tristes réflexions que faisait parfois Bonivard en composant ses chroniques. Il lui restait pourtant une espérance : c'était que Dieu, qui tient les cœurs des hommes en sa main, voudrait bien les adoucir en telle sorte qu'ils se reconnaîtraient hommes et pécheurs conséquemment, et souffriraient sans peine que leur gloire fût un peu obscurcie, pour faire briller davantage celle de l'Eternel.

Bonivard aurait pu, du reste, se dispenser de repousser d'avance toutes les accusations portées contre lui. La manière dont il a écrit les chroniques est sa meilleure défense [1].

[1] Vide infra.

## DE L'ANCIENNE ET NOUVELLE POLICE DE GENÈVE ET SOURCE D'ICELLES.

Ce curieux écrit contient, à la fois, une exposition fort exacte de la constitution de Genève avant et après la Réforme, et un récit passionné de la lutte que soutinrent les Calvinistes contre les Libertins, lutte qui se termina, comme nous l'avons dit, par la défaite de ces derniers, et dans laquelle Bonivard prit parti contre eux.

La première partie de ce traité n'est guère qu'une répétition de certains chapitres des chroniques; Bonivard y reproduit ses idées sur l'origine de Genève, sur les pouvoirs des comtes et des évêques, sur leurs querelles et les accords qui s'en suivirent; sur les prétentions de la maison de Savoie, les attributions des vidomnes, des magistrats de la cité, etc. Il rappelle ensuite les tentatives de Charles III pour s'emparer de Genève, la résistance des citoyens et la révolution qui les avait affranchis.

C'est bien le récit des chroniques, mais avec quelques modifications qu'il avait cru bon de faire, en se séparant de son ancien parti. S'il parle, par exemple, de son compère Berthelier, démentant les éloges mérités qu'il lui avait donnés dans son histoire, il a soin de défigurer son portrait et de ne nous le représenter que comme un mutin, un séditieux, fréquentant les mauvais garçons et s'enrichissant par des moyens infâmes. Il n'épargne pas davantage son parent l'évêque Pierre de La Baume, qu'il avait cependant soutenu dans d'autres temps, et qui lui avait rendu de son côté d'assez grands services. Et ainsi des autres.

Exposant ensuite les changements introduits, à la suite de cette révolution, dans le gouvernement de Genève et dans l'administration de la justice, il arrive ainsi à l'adoption de la Réforme et aux luttes qui l'accompagnèrent. Ce récit forme la seconde partie de son traité.

« C'est, dit un des biographes de Bonivard[1], une narration brillante de couleur locale, un pamphlet rempli de piquantes anecdotes, une chronique écrite par un témoin oculaire, partial, si l'on veut, mais dans laquelle on pourra trouver une face de la vérité, en rectifiant ce qu'il peut y avoir d'inexact, en adoucissant ce qui s'y trouve d'outré, en faisant la part de l'excitation de la lutte, en déduisant ce que l'esprit de parti a présenté d'exagéré. »

Cette appréciation nous semble un peu trop indulgente; le pamphlet de Bonivard demande à être jugé avec plus de sévérité; non qu'on puisse lui reprocher d'avoir complétement dénaturé ou inventé les faits, car il se borne à en exagérer l'importance ou à leur donner un sens qu'ils n'avaient pas, faute commune à la plupart des historiens. Mais il sera toujours difficile d'excuser les injures et les calomnies qu'il ne cesse de lancer dans ce libelle contre les Libertins, et en particulier contre Ami Perrin, Pierre Wandel et Philibert Berthelier.

Ce récit est suivi de l'exposition de l'organisation ecclésiastique de Genève, telle qu'elle fut établie par Calvin, organisation qui méritait, selon lui, à l'Eglise de Genève le nom de véritable Eglise de Dieu.

Nous retrouvons dans ce traité une foule d'idées émises dans les chroniques, et même beaucoup d'expressions sem-

[1] M. le docteur Chaponnière.

blables; cependant nous croyons remarquer quelques différences de style qui nous font supposer que Froment fut pour beaucoup dans la composition de ce pamphlet, ce qui en expliquerait la violence.

---

## DE NOBLESSE ET DE SES OFFICES OU DEGREZ.

### I.

Ce traité, composé en 1549, mais achevé et complété en 1562, est en partie le résultat des études que fit Bonivard pour trouver l'origine des principautés inférieures aux royautés, c'est-à-dire des duchés, comtés, etc., et en particulier celle des droits que s'attribuait la maison de Savoie sur Genève.

Comprenant que l'ignorance des parties et des juges, qui ne s'appuyaient que sur des traditions douteuses, avait été la cause principale de la lutte qui s'était engagée entre le duc Charles III et les Genevois, il résolut, pour éclaircir la question, de remonter à la source des différents pouvoirs qui se combattaient, et, par suite, à l'établissement de la féodalité, à l'origine de la noblesse.

Ce fut dans les ouvrages des savants allemands, et particulièrement dans Stumpf, qu'il trouva la solution qu'il cherchait; aussi la première partie de son traité n'est-elle qu'une traduction des chapitres dans lesquels l'historien des Ligues expose ses idées sur cette question. Nous laisserons naturellement de côté les emprunts qu'il a faits, ne voulant nous occuper que de ce qui lui est propre.

## II.

« Nous procédons, dit-il, dans notre traité, selon la méthode analytique, qui est d'exposer les parties avant le tout, les espèces avant le genre. » Il commence donc par parler des espèces et degrés de la noblesse avant de la définir.

Après avoir rapporté l'opinion de Stumpf sur l'origine de la royauté, de l'empire, des duchés, des comtés, des baronnies, il s'arrête au titre de chevalier, et, quittant son guide, qui s'était borné à en expliquer la valeur chez les Gaulois et les Romains, il parle des chevaliers de son temps, divisés en religieux et en séculiers, et en fait la critique. Il se moque en particulier de cette chevalerie du saint Sépulcre instituée depuis peu, dont faisaient partie bon nombre de bourgeois ridicules, qui n'avaient eu d'autre peine que de faire le voyage de Jérusalem, « montés sur un cheval de bois se bridant par la queue (un navire), » et qui pouvaient se nommer à juste titre « chevaliers à éperons de bois. » Il n'épargne pas davantage les docteurs qui, ne se contentant pas de leur titre, voulaient encore celui de chevalier, et qu'il qualifie de muliers ou muletiers; « car s'ils chevauchaient, dit-il, un cheval qui remuast la queue, ils se tiendraient à deux belles mains à l'arçon de la selle, criantz à l'aide! à l'aide! pour penser qu'il ruast et les mist par terre, parce qu'ils n'ont jamais chevauché que mules. »

Après avoir distingué les différentes classes de nobles, l'auteur passe à la définition de la noblesse.

Veux-tu sçavoir que c'est vraye noblesse?
Escoutte-moi : c'est vertu en hautesse,
Icelle estant que partout est cogneue
Et par renom demeure perpétue.

Quoique l'on distingue trois sortes de noblesse : la naturelle, l'acquise et la civile, il n'y en a cependant qu'une véritable, c'est la première, qui ne vient pas d'office, mais de vertu; qui n'est pas donnée par les princes de ce monde, mais par le céleste Roi des rois. Aux vertueux seuls appartient droiturièrement le titre de nobles.

Bonivard ne veut pas néanmoins supprimer la noblesse acquise ou civile. Il est d'ailleurs intéressé à la maintenir, étant sorti lui-même d'une noble maison. « Mettez, dit-il, que ne soïe pas noble par mes vertuz, si tasche à l'estre, et, comme dict Erasme, tascher de devenir pie est une bonne partie de piété. » — Il comprenait, de plus, l'utilité de cette institution, et trouvait raisonnable que la postérité d'un noble, fait noble par sa vertu, lui succédât en cet honneur, pourvu toutefois que, la cause venant à cesser, l'effet cessât aussi. « Mais maintenant, ajoute-t-il, tout est guasté, tout est corrompu; les princes vendent la noblesse à beaux deniers comptant, et font des gentilshommes à la merci des rats, car si les rats mangeoient leurs lettres, leur noblesse seroit perdue. Si bien que l'on treuve beaucoup de gentz de tel estat qui ne sont que de tyrans, lourdautz, villains et deshonnestes, que l'on ne devroit pas seullement tenir pour villains et taillables, mais esclaves; et quels esclaves? non pas pour s'en servir sur terre, mais sur mer en une bonne galée, pour y servir de secretaires, maniant chascun une plume de dix-huit pieds (une rame). »

## III.

C'est là d'ailleurs un des moindres abus signalés par le mordant critique dans cette institution. Il attaque avec la même verve l'usage ridicule des titres fastueux alors en usage dans toute l'Europe.

Il nous apprend que de telles flatteries avaient surtout cours en Espagne, où il n'y avait si pauvre coquin qui ne voulût être adoré comme Dieu. « Si les Espagnols ne sont pas *todos Caballeros*, ils sont au moins *iios dargos* (Hidalgos). »

En Portugal, on achetait le droit de ne pas lever le chapeau devant le roi, pas même devant Dieu. On y parfumait ainsi les honneurs, qui se vendaient comme les gants.

En France, on abusait du titre de monsieur ou monseigneur, qui se donnait même à des villageois.

Bonivard signale, à ce propos, la coutume introduite sous Louis XI, par les gentilshommes, d'abandonner leurs noms pour prendre celui de quelque seigneurie.

« D'aucuns y a, dit-il, qui forgent des juridictions imaginaires, comme d'un village où ils seront nés, bien que ce soit sous un autre seigneur, duquel ils sont subjectz, ce qu'ils font en estrange pays où ilz sont incogneuz, voire souvent puisqu'ils seront de condition taillable. Autres se dient seigneurz de quelque métaierie, s'ils l'ont, et, s'ils ne l'ont, d'un champ, d'un pré, d'un boys, d'une vigne. — D'aucuns y a qui se font appeler, s'ils n'ont autre titre, seigneurs de leurz noms ou sournoms : Mons.r de Perret, Mons.r de Jacquet..... Car ce nom de Mons.r est si finaut que beaucoup de maistres et syres, riches et plains, emploient le guaing qu'ils ont faict toute leur vie en leur maistrise et syrie, pour prendre un bon repas de seigneurie, vendantz leurs marchandises à mespris pour paier l'escot, et au lieu de riches syres et maistres, ils deviennent mons.rs pauvres et coquins, obligés d'aller à leur tour devant les syres à teste nue, demander non seullement de la marchandise à créance, mais une franche repeue. Pourquoy se faict bon tenir en sa peau ; celuy qui s'en veut despouiller pour en vestir une autre, se trouve le plus souvent frustré de son opinion ; car il a perdu sa peau et n'en peut recouvrer une autre, et faut qu'il demeure escorché. »

## IV.

L'auteur a défini la noblesse; il en a dit l'origine et les différents degrés, il en a signalé les abus; il lui reste à chercher la source de l'hérédité des offices et des seigneuries. Cette étude, dans laquelle il suit les jurisconsultes de son temps, le conduit à expliquer l'étymologie et le sens des titres portés par la noblesse inférieure, tels que ceux de damoiseau, écuyer, échanson, vidomne, vidame, maire, etc.

Il traite ensuite tout au long la question des fiefs, en faisant le classement de toutes les différentes sortes de bénéfices, et en exposant les lois et les usages qui réglaient les rapports des seigneurs avec leurs vassaux; ce qui lui donne occasion de reprocher à la noblesse française son peu d'indépendance, bien qu'elle s'estimât supérieure à celle de Savoie, qui pourtant était beaucoup plus libre.

« Il n'y a, dit il, en France, gentilhomme ni prince, voire du sang royal, qui ne soit obligé de répondre et obéir à la justice du roi. Le moindre huissier du monde adjournera le plus grand prince, voire personnellement, devant le parlement, et force luy sera de comparoistre. »

En Savoie les gentilshommes avaient une autorité moins restreinte. Plusieurs nobles étaient complétement indépendants du duc, ainsi que la plupart des cités épiscopales, et en particulier Genève et Lausanne. Il y avait même sur les terres de la maison de Savoie deux simples banderets, le seigneur du Chastelard, sur le lac, auprès de Chillon, et le seigneur de Chéseaux, près de Lausanne (celui-ci n'ayant pas 400 écus de revenu), qui ne reconnaissaient aucun souverain, mais dominaient en droit de régale, exerçant tous actes royaux, excepté celui de battre monnaie, « non pas parce qu'ils ne le devoient, mais parce qu'ils n'avoient pas de quoy. »

Bonivard reconnaît d'ailleurs les inconvénients et les dangers d'une trop grande indépendance de la noblesse. Le désordre et la tyrannie qui régnaient alors en Allemagne les lui avaient fait comprendre. Il savait comment étaient traités les malheureux sujets de tous ces petits principicules, sur lesquels l'empereur n'exerçait aucune autorité.

Il complète son traité en exposant brièvement le système du blason, dont il fait remonter l'origine aux *anaglyphes* d'Egypte.

## V.

En somme, ses idées sur les fiefs et le blason sont justes; mais elles ont le défaut de ne pas lui appartenir en propre. On voit qu'il les a puisées dans d'autres ouvrages spéciaux, et surtout dans ceux de Zasius et d'Alciat. Il possède bien la matière, mais manque d'originalité.

Craignant que ses critiques ne lui attirent le ressentiment de la noblesse, il termine par un épilogue, dans lequel il proteste de la pureté de ses intentions, tout en donnant quelques sages conseils aux gentilshommes. Il les supplie de ne pas prendre à la malle part s'il n'a pas, comme un tas de flatteurs, donné à entendre qu'ils sont de plus ancienne race que la lune n'est de création. « Ce que font tous les jours, dit-il, ces flagorneurs pour acquérir votre bonne grâce, et de votre bonne grâce faire leur soupe grasse, et vous en vendre la fumée bien chèrement. »

Il ne veut pas pour cela mépriser l'état de noblesse, puisqu'il se mépriserait lui-même, étant noble aussi, et non le premier de sa race. Mais le berger ne doit pas être appelé faux loup, qui éloigne la brebis galeuse du troupeau, ou qui signale le loup affublé de la peau du mouton. Celui-là ne doit pas non plus être déclaré ennemi de la noblesse, qui demande sa réforme et la purgation de ses souillures. Les véritables boutte-peste sont ceux qui, en donnant à entendre que les peuples sont faits pour les princes et non les princes pour les peuples, sont cause de grandes tyrannies, et, par suite, de révoltes, de conspirations et de chutes de rois.

---

## DES TROIS ESTATZ POLITIQUES, A SÇAVOIR MONARCHIQUE, ARISTOCRATIQUE ET DÉMOCRATIQUE, ET DE LEURZ CORRUPTIONS.

### I.

Ce traité, achevé en 1562, fut commencé probablement à la même époque que le précédent, et pour un motif analogue. — Comme Bonivard avait cherché l'origine de la noblesse et des seigneuries héréditaires, pour juger sainement de la valeur des prétentions de la maison de Savoie, il avait cru devoir étudier de même les différentes formes de gouvernement, pour arriver à connaître à fond la constitution de Genève, à en apprécier les qualités et les vices, et à comprendre les causes de sa corruption. — Il fit cette étude avant de rédiger son histoire, dans laquelle nous en trouvons des traces; mais il paraît n'en avoir composé un traité que plus tard. — En voici le résumé.

L'auteur distingue, avec presque tous les philosophes, trois sortes de gouvernement : le monarchique, l'aristocratique et le démocratique; tous trois sujets à se corrompre et à dégénérer, soit en tyrannie, soit en oligarchie, soit en anarchie. De là de grandes discussions relativement à la supériorité de chacune de ces formes, discussions qui n'ont point encore résolu la question, en sorte que « le procès en est demeuré au croc pendu. » Ce qui n'empêche cependant pas Bonivard d'examiner à son tour les avantages et les inconvénients de chaque gouvernement.

Beaucoup d'écrivains ont parlé en faveur de la monarchie, mais en y mettant la condition que le monarque fût bon, vertueux et sage, condition presque impossible au dire du proverbe : « que l'on pourrait graver toutes les armes des bons princes en une cornaline. »

Il est vrai que si l'on trouvait un homme qui joignît, comme Dieu, la sagesse et la bonté à la puissance, il serait digne d'être roi, et son gouvernement serait le meilleur; mais où rencontrer cet homme parfait ?

Les uns prétendent que chaque peuple doit être soumis à un seul chef, parce que les qualités pour gouverner ne peuvent se rencontrer qu'en un seul individu. — C'est un argument mal bâti, car il ne faut chercher toutes les vertus qu'entre tous les hommes, ou entre plusieurs; « et ne sçay encore comme on les trouvera. »

D'autres monarchistes comparent les hommes aux animaux de compagnie, dont chaque troupeau veut avoir un seul conducteur; mais à ces animaux Dieu a donné un tel instinct, que jamais ni le roi ni le peuple ne rompent l'ordre qu'il leur a donné. Jamais le chef ne cherche à étendre son pouvoir outre mesure; jamais le troupeau ne songe à se rebeller et à chasser son roi. Où trouverez-vous donc, dans toute l'espèce humaine, un seul homme qui possède, ou les qualités de Dieu, pour gouverner avec modération son prochain, ou la simplicité des bêtes, pour ne pas dépasser les limites du droit de nature?

Celui qui possède un troupeau choisit le meilleur pasteur pour le gouverner, et il le change et rechange selon le besoin et l'avantage des animaux; tandis qu'il faut que les hommes, animaux raisonnables, reçoivent de la main de la fortune un roi, parfois un enfant, qui, au sortir du sein de sa mère, les gouverne et soit par eux adoré comme une idole.

Cependant il ne faut pas détourner de leur obéissance les sujets d'un prince héréditaire, car l'apôtre nous commande d'obéir à nos supérieurs, bien ou mal conditionnés. Mais si l'on doit supporter une domination tyrannique, ce n'est pas une raison pour la désirer, ni même pour vouloir une monarchie; car, bien qu'il soit possible de trouver un bon roi, c'est chose si difficile qu'elle tombe presque en impossibilité. Les électifs eux-mêmes ne valent guère mieux que les héréditaires; il n'y a de différence entre eux, sinon que ceux-ci sont fous de naissance et que ceux-là le deviennent; les héréditaires le sont de nature, et les autres de facture.

II.

Comme de toutes les créatures, la plus rebelle à Dieu est celle qui en a reçu le plus de bien, de même les hommes qu'il favorise le plus, sont aussi ceux qui abusent le plus de ses dons. Les rois en sont la preuve, qui, n'étant jamais satisfaits de ce qu'ils ont, disent toujours, en priant Dieu : « Donnez-nous trésors et richesses, royaumes et principautés d'autrui; sinon nous les prendrons! »

Que ne faut-il pas à un monarque, quelque bon qu'il soit, pour maintenir son autorité et payer ses plaisirs? Une armée, des gardes du corps, des maîtres d'hôtel, des écuyers, des pages, des laquais, des sommeliers, des cuisiniers, des fauconniers, et mille autres oisifs et gâte-greniers, absorbant les trois quarts de la fortune publique. Les hommes ne leur suffisent même pas: il faut des bêtes superfluement, telles que chiens, chevaux, oiseaux, etc. — « Oserons-nous parler des mignonnes royales qui sont reines des rois, et par conséquent des royaumes, et que les princes entretiennent en plus gros honneur que leurs femmes? »

Une fois sur ce terrain scandaleux, Bonivard ne l'abandonne pas facilement. Trouvant large matière à exercer sa verve satyrique, il ne manque pas d'en profiter. C'est surtout contre les rois de France qu'il dirige ses traits les plus acérés. Les passant tous en revue, depuis Charles VI jusqu'à Charles IX, il trouve que la plupart ont sacrifié l'intérêt du royaume à leurs plaisirs, ou aux caprices de leurs maîtresses. Selon lui, la loi salique n'avait pas bien avisé à l'avantage de la France, en empêchant seulement les filles de rois de parvenir à la couronne; elle devait étendre cette défense jusqu'aux mignonnes royales, car peu de rois se sont trouvés qui n'en aient eu, « et feroient mieux, à mon avis, dit-il, d'épouser autant de femmes qu'ils en pourraient nourrir, à la turchesque. »

Suivent les exemples et les portraits. Mais la crudité du style ne nous permet pas de reproduire les anecdotes curieuses et surtout piquantes qu'il a semées dans ce passage.

Après cette digression, il revient à la critique des monarchies en général. « Qui voudroit escrire les tyrannies commises par les rois, tant anciens que modernes, pourroit faire sur chacun d'eux assez de volumes pour charger non-seulement un mulet, mais encore une caracque. »

Conclusion : tous les hommes, en quelque sauce qu'ils soient accoutrés, soit de la messe, soit de l'Evangile, restent toujours hommes, et vous trouverez que le meilleur ne vaut rien. Ils sont mauvais en général, et chacun suivant sa complexion, selon qu'ils sont cholériques, sanguins, mélancoliques ou flegmatiques.

## III.

Mais si le gouvernement monarchique est mauvais, les deux autres sont-ils meilleurs ? C'est ce qu'il reste à examiner.

L'histoire romaine prouve d'abord que le gouvernement aristocratique n'est pas moins vicieux: le despotisme des décemvirs l'a clairement démontré. Les mêmes abus se sont reproduits dans la constitution de Venise, où le peuple est sans cesse en butte aux insolences des nobles ; et la plupart des autres villes d'Italie qui ont choisi ce régime sont tombées dans l'oligarchie, et de là dans la tyrannie. — Cette forme de gouvernement ne vaut donc pas mieux que la première.

Quant à la démocratie, elle serait sans doute préférable, si elle n'avait pour queue l'anarchie, la pire des corruptions; car dans un tel état, il y a autant de tyrans que de têtes.

Entre autres faits que Bonivard allégue pour prouver les vices de ce gouvernenent et la tendance du peuple à faire abus de sa liberté, il cite les calamiteuses et meurtrières séditions advenues de son temps, en Allemagne, par suite de la tyrannie des princes, « qui a poussé, dit-il, leurs subjectz à se soustraire à leur obéissance, et tâcher de se réduire en police aristocratique, ce qu'ils n'ont pu faire; mais voulant passer de monarchie en démocratie, ont franchi les bornes, pour non savoir tenir les chemins, et sont passés et trébuchés en anarchie et rébellion, qui a causé à maints, de tous deux côtés, perdition de corps et de biens. »

Il veut parler de la révolte des paysans de la Souabe, connue sous le nom de Bundtschüchen, alliance des souliers ou de la bottine, dont il avait vu lui-même les commencements en 1513, lorsqu'il étudiait à Fribourg en Brisgau, où éclata la première sédition. Il raconte en détail les différentes phases de ce mouvement, qui s'étendit, en quelques années, dans tout l'occident de l'Allemagne, et qui ne s'arrêta que lors de la défaite des paysans à Lupfenstein (1525).

De ces faits déplorables, il tire la conséquence que Dieu punit ainsi les hommes de leurs péchés, se servant des sujets rebelles pour châtier les tyrans, et des princes pour punir les sujets de leur anarchie. Il faut donc que les uns et les autres remplissent leurs devoirs, que les seigneurs n'exigent que ce qui leur est dû, et que les sujets ne se fassent pas non plus tirer l'oreille pour payer.

Ces considérations le conduisent à ouvrir une longue parenthèse, pour exposer les droits respectifs des seigneurs et de leurs sujets. C'est l'objet de deux chapitres sur les dîmes, les cens et les servitudes taillables; et il se résume en répétant que les seigneurs ne doivent pas tyranniser leurs sujets, mais plutôt les affranchir, et que, de leur côté, ces derniers ne doivent pas se mutiner, à moins pourtant que le despotisme ne devienne intolérable, « car alors, on peut jouer des couteaux. »

## IV.

Maintenant que l'auteur connaît tous les vices attachés à chacune des formes ordinaires de gouvernement, il lui sera sans doute facile de nous dire quelle est celle qu'il trouve la moins mauvaise. Telle n'est cependant pas son opinion.

« Si l'on me le demande, dit-il, je répondrai que la règle de philosophie est : « Quod agens non agit nisi in patiens benè dispositum. » Donnez au meilleur menuisier du monde du bois pourri, duquel vous voulez qu'il vous fasse un lict, un buffet, une table, œuvrés artificieusement; il vous dira : Si vous voulez que je vous fasse bon ouvrage, donnez-moi bonne matière.

» Autant et plus difficile est de former une chose publique, soit en monarchie, soit en aristocratie, soit en démocratie; car il faut que l'ouvrant instrument et la matière souffrante d'être ouvrée soient tous d'hommes, qui sont tous enfants de Adam, et, par l'héritage de leur père, tous corrompus, tous pourris. Quel bel ouvrage en sauriez-vous faire?

» Il y a eu des philosophes, entachés de péché comme les autres, qui se sont essayés de former des choses publiques : un Solon, un Lycurgue, voire Platon, de plus fresche mémoire, qui ont escrit des loix ; mais quelz et à quelz ? hommes aux hommes, moins fols à de plus fols. Si l'on peut dire comme le proverbe : entre les aveugles le borgne est roy, aussy entre les fols, celui qui l'est moins est sage, et pourra dire quelque chose de bon, mais encore ne luy obéira-t-on pas, ains on luÿ pourra dire : Vous dîtes bien, mais cherchez qui le fasse ; chacun veut bien entendre raison, mais nul ne la veut faire. »

Cependant, comme il faut un gouvernement quelconque, Bonivard pense que le mieux est d'en établir un qui participe de tous les autres, comme à Genève ; car, tandis qu'un roi veut que le pays soit à lui, les magistrats savent qu'ils appartiennent au pays.

Quant au peuple, s'il a le bonheur d'être indépendant, et la liberté de se choisir des chefs, qu'il se garde bien d'abdiquer sa souveraineté, mais qu'il en use avec intelligence et modération.

---

## ADVIS ET DEVIS DE L'ESTAT ECCLÉSIASTIQUE ET DES MUTATIONS D'ICELLUY.

« Or, puisque nous avons devisé de l'estat séculier, et du bien et du mal en icelluy provenant, ne faut pas laisser en dernière celluy de l'Eglise, mais en faire autant, veu que l'on en ha aussy bien mestier. »

Bonivard distingue trois Eglises : l'Eglise primitive, l'Eglise romaine, et l'Eglise réformée. La première commença en Jésus-Christ, son chef, et s'étendit ensuite par tout le monde, arrosée du sang des martyrs et reverdissant de jour en jour par sa plaie. Elle resta pure et sans tache jusqu'au jour où Constantin protégea le clergé et l'enrichit. Dès lors commença la décadence : au lieu de marcher de bien en mieux, elle tomba de mal en pis, en sorte qu'il eût mieux valu, pour elle et pour la chrétienté, que la persécution durât toujours.

Cette primitive Eglise n'existant plus, restent les deux autres, qui se traitent réciproquement de synagogues de Satan. Il n'est pas facile de dire quelle est la vraie, car Dieu seul la connaît. Mais on peut du moins affirmer et démontrer que ce n'est pas celle dont le pape est le chef. On invoque en vain son ancienneté: le droit de vérité est imprescriptible. Vainement l'on prétend que le pape est le successeur de saint Pierre, chargé par Jésus-Christ de paître ses brebis. Quand bien même cet apôtre aurait reçu une telle mission, à l'exclusion des autres, les papes n'en seraient pas plus pour cela les vicaires de Christ, car l'effet cesse avec la cause. Les clefs ont été données pour paître les brebis de la Parole de Dieu, et non pour les tondre jusqu'au sang, voire les écorcher; pour aimer, reconnaître et confesser Jésus-Christ, et non pour s'asseoir sur une chaire pontificale, tout accoutré de drap d'or, ayant sur la tête une grande thiare marquetée de pierres précieuses du prix d'un million d'or, ni pour se faire baiser les pieds par les empereurs, les rois et les princes.

Mais il ne suffit pas d'accuser, il faut citer des faits et montrer par quels moyens s'est formé le pouvoir exorbitant du Saint-Siége ; c'est le sujet du chapitre suivant, intitulé : « *Advis et devis de la source de l'idolâtrie et tyrannie papale ; par quelle practique et finesse les papes sont en si haut degré montez.* »

Le péché d'Adam a laissé pour héritage à ses descendants une vaine gloire et une *folle cuiderie* de plus valoir qu'ils ne valent réellement, et de faire d'eux-mêmes des idoles. Telle est la cause première de l'idolâtrie, qui durera tant que l'homme n'aura pas renoncé à sa propre nature et arraché de son âme cette semence empoisonnée.

Dès le commencement du monde, les hommes s'élevèrent des idoles. Ensuite vint le polythéisme, qui fut détruit par le christianisme, sans pourtant que la racine du mal fût extirpée ; car le vieux serpent, ne pouvant supporter sa défaite, et profitant du fol orgueil de l'homme, suscita bientôt les persécutions, puis les hérésies, et enfin la tyrannie papale, hérésie qui triompha de toutes les autres et dura plus longtemps.

L'auteur raconte alors comment les évêques de Rome ont obtenu le titre de papes et le pouvoir temporel, grâce aux donations de Pepin et de Charlemagne, et comment Satan forma entre le St.-Siége et l'Empire une ligue tyrannique pour fouler la chrétienté ; de quelle manière les papes ont ensuite agi, pour maintenir la puissance qu'ils s'étaient eux-mêmes arrogée. Citant le droit canon et les décrétales, il les accuse de pervertir l'ordre naturel des choses, d'avoir aboli le mariage, excité les sujets contre leurs princes, absous les crimes dont ils profitaient, usurpé le souverain pouvoir sur la terre et dans le ciel ; de préférer leur parole à l'Evangile, de faire des réserves *in pectore*, de se dire les héritiers de l'empire romain, en prétendant que les empereurs d'Allemagne doivent danser quand ils touchent du tambourin; en un mot, de se mettre à la place de Dieu.

Montrant ensuite comment ils avaient usé de leur autorité, pour acquérir des richesses, il signale les abus qui s'étaient introduits dans la distribution des bénéfices et des évêchés. Il nous fait voir tout le clergé affluant à Rome pour les obtenir, chaque ecclésiastique courant la poste, se hasardant à se rompre le cou, *pour gagner le possessoire.* « De quoi, dit-il, le pape n'était pas marry, car quiconque perdist, il y gagnoit toujours, en sorte que tout l'or de la chrestienté est allé à Rome; car si elle n'a pas de mine d'or, en récompense elle a tousjours eu un alchimiste qui n'a pas été abusé comme les autres, car il a bien su convertir le plomb en or. »

Il prétend aussi que les évêchés se vendaient à beaux deniers comptant. « Qui mieux oignoit le charriot le faisoit mieux courir. » — Il cite l'évêque de Mayence, qui avait dû payer le sien 24,000 florins, et celui de Cologne, qui avait acheté sa mitre 100,000 florins. Selon lui, le pape Martin V avait ainsi touché plus de 600,000 écus en France; et il y avait tel cardinal qui possédait à lui seul 700 bénéfices.

Pour mieux prouver encore la corruption du clergé et les abus dont il accuse la cour pontificale, Bonivard fait passer sous les yeux du lecteur les portraits des onze papes (d'Alexandre VI à Pie IV), qui avaient occupé le Saint-Siége pendant sa vie, en accompagnant sa peinture d'une foule d'anecdotes scandaleuses, qu'il dit avoir apprises pendant un séjour qu'il avait fait à Rome en 1518. — La nature de ce morceau nous en interdit la reproduction.

Dans cet écrit contre l'Eglise romaine, Bonivard manque

d'impartialité, de sérieux, de dignité et de convenance. C'est un pamphlet rempli de verve, étincelant d'esprit, qui arrache un sourire au lecteur le plus grave, mais ce n'est malheureusement qu'un pamphlet, dont les défauts n'ont pas besoin d'être signalés. Il suffit de le lire pour se convaincre, qu'au point de vue historique, il ne doit obtenir que fort peu de confiance.

Il faut cependant reconnaître qu'au milieu de ces accusations fausses ou frivoles, il en est de trop bien fondées et qui ont été formulées avec beaucoup plus d'amertume par des écrivains non suspects. Ajoutons que, dans le récit des grands événements politiques, notre critique s'écarte rarement du vrai; qu'il raconte, par exemple, avec exactitude et perspicacité l'histoire de la Maison de Médicis et des guerres d'Italie, et que les qualités qu'il déploie dans cette partie de son traité rachètent presque les défauts qui ternissent le reste.

---

## ADVIS ET DEVIS DES DIFFORMES RÉFORMATEURZ.

Si Bonivard attaque avec si peu de réserve les erreurs et les fautes de la cour pontificale, ce n'est pas qu'il se dissimule celles commises par les adversaires de la papauté. Il croit avoir prouvé que la vérité ne se trouve pas dans le sein de l'Eglise romaine, mais il est loin de prétendre que la nouvelle Eglise la possède entière et pure.

« Nous avons dict par cy devant beaucoup de maux des papes et des leurz, et aussy beaucoup de véritez, mais quel bien pourrons-nous dire des nostres, qui se vantent d'estre leurs réformateurz? »

C'est la réponse à cette question qui forme le traité que nous analysons.

Wickleff, Jean Huss et Jérôme de Prague avaient essayé, mais en vain, de remédier aux abus introduits par les papes; les deux derniers avaient été brûlés et tout s'en était allé en fumée. L'Eglise avait tant de mauvaises humeurs, qu'elle en était devenue hydropique, tellement que l'on n'y savait plus remède, quand Luther tenta de la sauver. Il ne la voulut pas purger soudain; observant les règles de médecine, qui disent que toute soudaine altération est dangereuse, il lui donna des sirops, des juleps, des minoratifs, pour préparer les humeurs à purgation. — Mais, malgré ces précautions, qu'arriva-t-il? Les humeurs n'en furent qu'émues d'avantage, sans que purgation s'en suivît. A quelle fin travailla-t-il tant? Il a bien amoindri la tyrannie du pape, mais quel bien a-t-il mis au lieu du mal? au lieu de tyrannie, anarchie, qui a causé tant de troubles et de séditions sanglantes.

Depuis lors, bien peu d'hommes ont reçu l'Evangile par amour de la vérité; les uns l'ont fait en haine du clergé, d'autres pour pouvoir se marier; plusieurs par avarice; car les princes s'éjouissaient grandement de pouvoir gripper les biens des églises, meubles et immeubles, et les sujets mal prudents comptaient ne plus payer dîmes, censes, ni rentes; mais ils furent bien frustrés de leur opinion, car il fallut payer aux princes ce qu'ils devaient aux prêtres.

Bref, on a reçu à deux belles mains ce que l'Evangile a permis, mais on n'a pas fait le semblable de ce qu'il a défendu. Beaucoup ne l'ont accepté que par amour de la volupté. Comment Henri VIII, par exemple, l'adopta-t-il? Dans le principe, le pape n'était pas plus adversaire que lui de la réforme. Quelle dévotion l'émut donc à tourner sa robe? C'est qu'il avait adopté l'évangile de Cupidon et de Robin; celui de Cupidon pour épouser sa mignonne, et celui de Robin pour dérober la châsse de saint Thomas, toute d'or, marquetée de pierres précieuses, et jeter les cendres de ce bonhomme au au vent, le jugeant hérétique, parce qu'il avait défendu la tyrannie ecclésiastique contre la séculière. Il se saisit des biens fondés pour dire la messe, mais il laissa la messe en son entier, en prenant ainsi la graisse, comme certains enchanteurs font aux serpents, puis laissant courir la bête avec son venin, morde qui elle voudra. — C'était là un bon évangéliste, un précieux réformateur d'Eglise.

Nous disons que nous voulons suivre la doctrine de Christ et de ses apôtres, et nous conformer à l'Eglise primitive. Mais quelle a été notre façon d'agir? « C'est à l'enfourner que l'on fait les pains cornus. » Voyons donc comment nous avons commencé.

Ceux qui avaient ouï le prêche des apôtres et de leurs successeurs, en sortaient pleurant et se frappant la poitrine par repentance de leurs péchés. Ils allaient vendre leurs biens, pour en distribuer le prix aux pauvres. Mais, comment sont sortis, au commencement de la réforme, du prêche de l'Evangile, nos évangélistes de taverne? rouges et enflammés, pour courir sus aux ennemis, les frapper, blesser, tuer, fourrager, saccager et faire tous les maux possibles à ceux qui ne voulaient pas croire ce qu'ils croyaient eux-mêmes ou feignaient de croire. Aussi, quand la doctrine de Luther commençait à se répandre, lorsque les cloches sonnaient le sermon, on répétait ce proverbe qui courait par toute l'Allemagne : « Là sonnent les cloches meurtrières. »

Bonivard cite à ce sujet des faits dont il dit avoir été

témoin, et qui, s'ils sont vrais, ne sont pas à l'honneur des premiers partisans de la Réforme à Berne et à Genève ; et il ajoute : « Conclusion : Il n'estoit question que de desrober et piller, aussi bien que se faisoit au commencement de l'évangile de Mahomet. Mais ces prédicants belliqueux faisoient différence des larrons, car les prebstres estoient les mauvayz larrons qui havoient desrobez les paouvres gentz, les autres qui havoient desrobez les prebstres estoient les bons larrons, jaçoit qu'ilz n'eussent rendu le larrecin aux desrobez.

» Et voyla un bel avancement vers l'Evangile ! Je suys bien esbahi si saint Pierre, saint Paul et autres apostres et disciples l'avancèrent ainsy. »

. Jésus-Christ, que l'on se vante de prêcher, n'a pas ordonné qu'on outrageât et encore moins que l'on tuât en son nom. La violence n'est pas sa loi ; pour attirer les autres à Dieu, il ne faut user ni de menaces ni de contrainte : il faut leur montrer l'exemple de la douceur et de la vertu ; mais c'est le contraire que l'on fait : on crie contre les papistes et l'on est plus mauvais qu'eux.

Ceux qui ne sont pas débordés quant aux mœurs, le deviennent par la doctrine ; tels furent Carlostad, Œcolampade et Zwingli, chefs des sacramentaires, « de la bande desquels nous sommes, dit Bonivard. » De cette secte sont aussi sortis les anabaptistes et autres infinies sectes. Mais, ce qu'il y a de pire, c'est que, quelle que soit la doctrine, vous ne trouverez aucun lieu où l'on change de vie. On peut nous appliquer ce que Boccace fait dire à une femme dans ses contes : « Nous autres femmes, nous sommes toutes de la même façon, il n'y a de différence qu'en la sauce de la fantaisie des hommes. »

Il en est de même des affaires de religion, selon notre auteur. L'un veut être sanctifié par la loi mosaïque, l'autre par la mahométique, l'autre par la papistique, l'autre par l'évangélique; et, tout compté et rabattu, en quelque loi que nous vivions, nous demeurons toujours enfants d'Adam et du péché. Car où la prédication de l'Evangile a-t-elle produit un amendement de vie? à moins que ce ne soit dans la vallée d'Angrogne et à Genève? et encore dans cette dernière ville ne fut-ce que bien tard et avec beaucoup de peine. Bonivard rapporte à cette occasion le discours qu'il avait adressé en 1528 aux Genevois, sur l'opportunité et en même temps sur les difficultés d'une réformation, et observe que sa prophétie s'était accomplie.

Il n'était donc pas étonnant, selon lui, que certains pays repoussassent la réforme, puisqu'elle ne rendait pas les hommes meilleurs. Ce n'est cependant pas la doctrine de Luther que Bonivard regarde comme la cause du mal, mais la conduite de ses sectateurs, qui avaient trop souvent donné le droit à leurs adversaires de s'armer contre eux de cette sentence de saint Jacques : « Si tu me montres ta foi par parole, je te montrerai la mienne par œuvre. »

« Pourquoy, si voulons réformer les autres, reformons-nous premièrement, non tachantz nous attrainer les uns les autres à la connoissance de vérité à belles injures de parolles, mais par exemples de faictz, et nous desportons de tant crier contre le pape, les cardinaux, évesques, abbez, prebstres, moynes, etc., les paignantz en regnartz, loups, et, que pys est, en dyables, veu que, à bon droict, ilz en pourroient autant faire de nous. »

## AMARTIGÉNÉE.

### I.

Conduit par ses méditations et ses études à cette triste conclusion, que toute œuvre humaine est nécessairement vicieuse et corrompue, Bonivard avait interrogé l'Ecriture sainte sur la cause de cette imperfection fatale, de cette incapacité désolante chez l'homme, créature faite à l'image de Dieu. La Genèse lui avait bien répondu que cette cause était la désobéissance d'Adam, et que, sans le péché originel, l'humanité eût continué à jouir d'une félicité parfaite; mais la réponse, loin de satisfaire sa curiosité, n'avait fait que lui donner un plus vif désir de connaître la nature de la faute qui avait pu dépouiller l'espèce humaine d'un tel bonheur.

Sans avoir jamais rien lu sur cette matière, pas même le poème de Prudence, le prince des poètes chrétiens, il n'avait pas craint d'aborder une aussi grave question, et avait même essayé de la traiter dans le langage de Virgile: entreprise au dessus de ses forces; car, à peine entré dans la carrière, il avait perdu l'haleine. « Hic defecit spiritus meus, » dit-il lui-même, après avoir achevé péniblement son quarantième distique. « Le souffle m'est failly a my chemin; c'est pourquoy je m'en retournay en mon pays, qu'est en Gaule. »

Il voulut donc exprimer en vers gaulois ce qu'il n'avait pas su dire en carmes latins; mais, même sur son terrain, il avait rencontré de nouvelles entraves et avait fini par comprendre que la chose la plus nécessaire à l'homme en ce monde, est aussi la plus difficile à acquérir, à savoir la connaissance de soi-même, et qu'il est presque impossible de suivre la règle inscrite en la paroi du temple d'Apollo Delphique.

Mais, tout en avouant sa propre ignorance, il ne renonça pas à son projet; seulement, voulant étudier avec plus de soin et de sûreté la question qui le préoccupait, il crut devoir consulter les ouvrages qui pouvaient lui donner le plus de lumières, et il se mit à lire, outre l'*Amartigénée* de Prudence, les admirables écrits de saint Augustin, et les savants traités philosophiques de l'Espagnol Vivès. Ne dédaignant pas non plus les sources profanes, il interrogea tour à tour Platon, Aristote, Epicure, Cicéron, et les autres grands philosophes de l'antiquité.

Le résultat de cette étude fut un traité qu'il acheva le 6 juillet 1562, six ans après son premier essai, et dont nous allons essayer de donner une idée aussi claire que possible, chose assez difficile du reste, car cet écrit, fait sans la moindre prétention, pèche essentiellement par le manque de méthode; il semble même avoir été composé sans plan conçu d'avance. C'est, comme la plupart des opuscules de Bonivard, un simple advis et devis, une causerie familière, pleine de digressions intéressantes, mais dont le feuillage touffu obstrue parfois si bien le chemin, qu'il est très difficile de ne pas s'égarer sur les pas du guide, dont la marche est trop souvent tortueuse et embarrassée.

## II.

Selon notre auteur, Dieu, en créant l'homme, ne lui avait donné la faculté intellective ou l'âme que pour le maintenir en félicité, et non pour qu'elle se chargeât de l'entretien du corps, soin abandonné aux vertus animales. Elle n'avait alors que la puissance contemplative, c'est-à-dire qu'elle ne devait avoir d'autre fonction que celle de contempler Dieu, et de donner ainsi à l'homme un bonheur égal à celui des anges, ce qui s'appelait manger du fruit de vie. En agissant autrement, en procurant à l'homme, comme les facultés animales, des jouissances terrestres et moins pures, l'âme devait le rendre mortel et malheureux; et tel fut le résultat de la tentation du serpent et de la désobéissance de nos premiers parents. On en connaît les tristes conséquences.

Cependant Dieu fut encore indulgent pour nous; car, pour ne pas laisser la puissance contemplative sujette aux sens, et compenser, jusqu'à un certain point, la simplicité perdue, il donna à l'âme une seconde puissance, la force active, chargée de s'occuper des choses de ce monde, tandis que l'autre n'aurait en vue que le ciel.

L'homme, depuis la perte de sa simplicité primitive, ne peut plus se passer de cette force active. Bien qu'inférieure à la contemplative, elle ne lui est pas moins nécessaire. De la contemplative sort la sagesse, qui discerne le vrai du faux, et de l'active, la prudence, qui distingue le bien du mal.

De cette division résultent deux sortes de charité : la charité affectuelle, qui se borne à l'affection, et l'actuelle, qui se traduit en actes. La première, fille de la force contemplative, s'adresse plus particulièrement à Dieu, qui ne nous demande que l'intention; et la seconde, au prochain, que nous ne devons pas seulement aimer, mais aider.

On doit en conclure que les actifs ne sont pas plus exclus

du royaume des cieux que les contemplatifs, puisque tout homme est forcé, par suite du péché originel, de faire bien plus souvent usage de sa force active que de la contemplative, non-seulement pour se garder des dangers qui le menacent, mais encore pour se procurer des jouissances que la perte de sa simplicité et l'habitude lui ont rendues indispensables.

Car les calamités causées immédiatement par la chute d'Adam ne sont rien en comparaison de celles que nous nous sommes attirées nous-mêmes volontairement depuis, en voulant satisfaire nos désirs toujours croissants. De là sont venus des besoins sans nombre, inconnus aux premiers hommes, et source d'une foule de maux et de vices.

Cette dépravation empêche naturellement l'homme de comprendre quel doit être son but, sa véritable fin; aussi les philosophes ne se sont-ils jamais trouvés d'accord sur la nature du souverain bien. Le christianisme seul nous apprend d'une manière certaine qu'en Dieu se trouve le comble et la perfection de la félicité, et que c'est par conséquent en lui que nous devons la chercher.

Malheureusement nous sommes détournés de cette recherche par la convoitise charnelle que nous tenons d'Adam, et nous ne pouvons nous en garantir par nos propres forces. Car ce serait en vain que l'on chercherait à recouvrer sa simplicité primitive et à vivre comme notre premier père avant sa chute: ni la nature ni la coutume ne le permettraient.

Bonivard critique à ce sujet les moines Pieds Déchaux et les Anabaptistes, qui faisaient profession de ne rien avoir en propre, mais qui voulaient que tout fût en commun; et il prouve qu'une pareille communauté est absurde en théorie aussi bien qu'en pratique.

Après avoir trouvé l'origine et la nature du péché originel, il donne la définition du péché en général, qui consiste, selon lui, à oublier son créateur, à ne pas l'aimer, et à lui préférer les créatures. — Il aborde ensuite l'épineuse question du libre arbitre et de la prescience divine, qu'il résout d'une manière satisfaisante, mais plutôt à l'aide de son bon sens que de la logique, en admettant à la fois la toute-science de Dieu et la liberté de l'homme. Enfin il croit que, puisque nous sommes nécessairement pécheurs, Dieu sera indulgent pour nous et consentira à nous justifier, si nous avons la foi.

« En conséquence, dit-il en terminant, hoiantz toutes ces choses, vivons selon les ordonnances de Dieu, tant que nous sera possible, le honorantz et adorantz, et en ce de quoy ne pourrons satisfaire, prions son Fils qu'il nous fasse tenir quittes d'un tel obligé, et après, vivons ensemble tous humains fraternellement, et avec Dieu notre commun Père en obéissance filiale de tout notre pouvoir..... Et puisque nous n'obéissons pas à sa justice, recourons nous à sa miséricorde, luy criantz : Abba, Pater, miserere ! »

---

## ADVIS ET DEVIS DE MENÇONGE. — ADVIS ET DEVIS DESQUELZ SONT LES VRAYZ ET LES FAUX MIRACLES.

Ces deux traités forment la suite et le complément du précédent. Dans l'*Amartigénée,* l'auteur a prouvé que l'homme ne peut pas être exempt de péché, mais que certains péchés, commis nécessairement, sont tolérés par Dieu. Tels sont, non pas tous les mensonges, mais quelques-uns, quoique saint Augustin n'en approuve aucun.

« J'ouse bien advancer, dit Bonivard, un paradoxe fort estrange, qui est que à tout homme est plus possible de vivre sans pain que sans mentir, combien que je ne veuille nier que ce ne soit péché, mais je nie qu'il soit toujours illicite. »

Selon lui, Abraham, David, et Jésus-Christ lui-même (dans ses paraboles) ont menti; mais il est évident qu'ils n'ont pas mal agi en le faisant; car ceux qui, dans une bonne intention, pour rendre service à leur prochain, mentent sans nuire à personne, n'offensent pas Dieu pour cela. Il se trouve bien plus offensé par ceux qui sont assez arrogants pour refuser sa miséricorde, en s'imaginant qu'ils peuvent se sauver sans lui et par leur seule justice.

Mais il faut bien distinguer ces mensonges excusables de beaucoup d'autres qui sont condamnables, surtout quand ils concernent la foi; « car vérité n'a besoin d'être avancée par mençonge. »

Il est vrai que, parmi ceux qui mentent sans intérêt et pour le seul plaisir d'amuser ou de décevoir, il en est d'aussi dangereux que plaisants, tels que Lucien, Apulée, les faiseurs de romans du moyen âge, et Rabelais en son *Gargantua*.

Au reste, la plupart des historiens ne mentent guère moins que ceux-là, même en fait de religion. De là les infinis miracles forgés par les suppôts du pape, si bien que l'on a fini par adorer en chrétienté plus de dieux qu'on ne le faisait chez les païens. C'est la pire des menteries.

Bonivard cite, entre autres miracles de ce genre, ceux que produisait une image de la Vierge, appelée « Schöni

Marieli, la Jolie Marion, » qui avait fait courir toute l'Allemagne à Ratisbonne pendant cinq ou six ans.

« Mais, conclusion, dit-il : en toutes choses on trouve fausseté, soit en cas de religion, soit en cas de civilité; et pourtant, puisque c'est chose inumérable, ce seroit vain s'essaier à la dénombrer. »

---

## ADVIS ET DEVIS DES LENGUES.

« Puisque nous avons traicté du mençonge, seroit expédient de faire le semblable de l'instrument d'iceluy, que la pluspart des usantz d'icelle, que sont les hommes, appellent Lengue, combien que non seullement elle est instrument de mensonge, mais aussy de son opposite, qui est Vérité. »

Langue, où vas-tu? disaient les Grecs; marches-tu pour construire une cité, ou pour la détruire? Il n'est en effet rien de meilleur sur la terre, ni rien de pire que la langue, selon que nous l'employons bien ou mal; car Dieu, en nous douant de la parole, nous a laissé la liberté d'en user et d'en abuser; mais il l'a fait afin que les hommes pussent se communiquer leurs pensées, et, par ce moyen, s'exciter mutuellement à leur devoir, et resserrer plus fortement le lien naturel qui les unit.

Il ne se contenta même pas de ce don; car il nous accorda la faculté de nous entendre par signes et de nous servir de la main comme de la langue, au moyen de l'écriture. Enfin, il a mis le comble à ses bienfaits en nous donnant l'invention de l'imprimerie.

Le langage change suivant les pays et les temps. Aucune

langue n'est demeurée intacte depuis la venue de Jésus-Christ. Les conquêtes et le commerce sont la principale cause de ces altérations. Ainsi, les Romains imposèrent leur langue aux peuples vaincus, tout en leur empruntant une foule de mots barbares qui s'incorporèrent au latin. Les Français en ont fait de même lors des guerres d'Italie.

Mais ce fut surtout l'invasion des Barbares qui opéra la plus grande mutation des langues. Les anciennes se corrompirent depuis lors de plus en plus, et il fallut quinze siècles pour qu'elles revinssent en honneur.

L'ignorance de la langue latine a fait qu'on a défiguré le sens de la plupart des mots qu'on lui a empruntés. Il est vrai que les anciens chroniqueurs en ont agi de même à l'égard des noms germains, qu'ils travestissaient en latin.

Bonivard trouve qu'il serait d'ailleurs facile de remédier à de tels abus en étudiant les langues étrangères, pourvu que ce fût pour enrichir nos langues des trésors des autres, et non pour se glorifier sottement de quelques mots qu'on aurait appris; « ce que font, dit-il, un tas de petits muguets, perruquets, affectés et glorieux grammairiens, qui, incontinent qu'ils sçavent un peu de latin, oublient leur langage, et ne leur est savoureuse parole si elle n'est en latin confite, disputent entre eux des vocables, sans avoir des choses soucy, jusques à se cracher les uns aux visages des autres, à se donner des coups de poing. »

---

## POÉSIES.

Bonivard avait composé un grand nombre de vers latins et français. Il avait l'habitude de rimer toutes les pensées qui lui en paraissaient dignes, et avait ainsi formé un recueil intitulé *Menues pensées*, qui n'a point été conservé. Il est cependant facile d'apprécier le talent poétique de notre auteur, en lisant les vers semés dans ses ouvrages, et quelques morceaux de plus longue haleine qui sont parvenus séparément jusqu'à nous[1].

A notre avis, il n'était rien moins que poète, et ce qu'il a produit dans ce genre ne mérite pas même d'être cité. Il y a loin de ces essais informes et barbares aux productions déjà si gracieuses et si pleines d'harmonie de Marot et de Ronsard. Son vers très prosaïque, toujours raboteux et dur à l'oreille, manque trop souvent de mesure. En voulant imiter la poésie latine, il se permet des enjambements et des inversions qui obscurcissent la pensée et la rendent même parfois incompréhensible.

Cependant on ne peut lui refuser une certaine facilité, de la verve et de l'originalité dans l'expression. Mais ces qualités, qui, jointes à d'autres, en font un bon prosateur, ne suffisent pas pour lui mériter le titre de poète. Au reste, il n'aspirait pas non plus à l'obtenir, et il paraît avoir fait aussi bon marché de ce genre de talent que de sa couronne de lauréat.

[1] Au suiet d'une pourtraicture de la ville de Genève (en latin). — Animæ Cabottinæ descriptio. — L'anathomie du dessus dict Roy Cabot surnommé Trompillon (le duc Charles III). — Rondeau de la dévotion du singe, — du tresbuchement de Mallebouche, — à trois dames devisantes dedans les retraicts de caresme prenant. — Rondel à son oueil aiant veu en chemise sa dame à sa fenêtre. — A M. le juge Blecheret, mon compère. — Epitaphe de Berthelier, etc.

3me PARTIE.

# APPRÉCIATION. — CONCLUSION.

---

## I.

Doué d'une âme sensible et en même temps élevée, ferme et indépendante, d'un esprit droit et vraiment religieux, Bonivard, déjà supérieur à la plupart de ses contemporains par la noblesse de ses intentions, la sagesse de ses conseils, le courage de ses actes, l'étendue de ses connaissances et la vivacité de son esprit, le fut plus encore par son bon sens, sa tolérance, sa modération, son désintéressement, son amour de l'humanité.

Se laissant rarement entraîner par l'enthousiasme et n'éprouvant jamais les fureurs des passions, dont il ne connaissait guère que les faiblesses, il n'était pas homme de parti; il n'ignorait pas que, dans les luttes politiques, il est bien difficile de ne pas tomber dans l'excès, et que le plus souvent les hommes se battent et s'entretuent pour des causes également injustes. Aussi ne se rangeait-il sous un drapeau qu'avec réserve et sans se laisser aveugler sur les fautes de ceux qui l'arboraient.

Vraiment honnête homme, il s'indigna de la tyrannie et des usurpations de la maison de Savoie, et n'hésita pas à les repousser, sans cependant vouloir le renversement des vieilles institutions de Genève; il méprisa la superstition et blâma la conduite licencieuse du clergé romain, sans être partisan enthousiaste de Luther et de ses sectateurs; il n'approuva pas le rigorisme exagéré de Calvin, mais ne favorisa pas davantage les tendances anarchiques des Libertins. Les grands noms ne lui imposaient pas, et la vérité lui plaisait trop pour qu'il se résignât à la voiler. Son caractère explique les vicissitudes de sa vie.

S'il est un triste et douloureux spectacle, c'est celui qu'offrent invariablement toutes les révolutions humaines: aucune ne s'est encore accomplie sans d'affreuses souffrances, sans de cruels déchirements. Il semble que toute société soit condamnée, comme la femme, à enfanter dans la douleur, et qu'elle ne puisse faire un seul pas dans l'avenir sans rompre violemment les liens qui l'attachent au passé. De là des luttes sans fin, souvent sanglantes, toujours déplorables, et qui semblent n'avoir d'autre résultat qu'un retard dans le progrès et le bonheur de l'humanité. Qui ne connaît la cause de ce fatal et éternel combat?

Placés entre deux principes contraires, mais qu'on ne devrait cependant jamais séparer, l'autorité et la liberté, les hommes, emportés par leurs passions, se jettent aveuglément vers l'un ou vers l'autre de ces extrêmes, et, dépassant les bornes posées par la raison, ils veulent toujours trancher par la force ce que l'amour seul peut résoudre. Faute de pouvoir concilier ces deux principes, ils suppriment résolument l'un ou l'autre, et tombent ainsi fatalement dans l'esclavage ou dans l'anarchie. — Les uns, l'œil tourné vers le passé, non-seulement refusent de marcher en avant, mais voudraient même forcer l'humanité à remonter le cours des siècles; les autres, ne consultant que leur ardeur, essaient, au nom de la liberté, de supprimer le temps et l'histoire, pour sauter d'un bond dans l'avenir. Ainsi divisées, les sociétés humaines renouvellent sans cesse la fatale expérience d'Icare, sans y gagner plus de prudence.

Et si parfois il se rencontre quelques hommes plus sensés qui s'avisent de protester, au nom de la raison et de la charité, contre cette exagération mutuelle, cause première des dissensions civiles, leur voix n'est point écoutée, on reste sourd à leurs sages exhortations, souvent même on les méprise. Repoussés par les deux partis, leur influence est nulle, leurs talents inutiles, leurs efforts infructueux, leur modération suspecte, leurs intentions méconnues et calomniées.

Tel fut le rôle que joua Bonivard; tel fut aussi le sort qu'il éprouva.

## II.

En combattant pour l'indépendance de Genève, il n'avait eu d'autre but que de maintenir les droits et les franchises de cette cité, attaqués injustement par la maison de Savoie; n'étant guidé que par son amour de la vérité et de la justice, il n'avait pas, comme beaucoup d'autres, l'intention de renverser ou de diminuer l'autorité, bien fondée selon lui, du prince-évêque. Loin de désirer une révolution, il ne se déclarait contre le duc que pour conserver à Genève sa vieille constitution mixte, qui réalisait, à ses yeux, l'idéal d'un gouvernement parfait, en conciliant aussi bien que possible l'autorité du prince et la liberté des citoyens.

Dans le principe, les patriotes genevois avaient paru partager ses idées de modération et de justice; comme lui, ils ne prétendaient d'abord que défendre les libertés qu'ils avaient héritées de leurs pères; mais bientôt la lutte, en soulevant des haines, fit sortir la plupart des combattants de ce juste milieu, dans lequel sut demeurer Bonivard. Les deux partis exagérèrent à l'envi leurs principes, en se laissant entraîner par des préjugés ou des passions. Les partisans de l'autorité ne se contentèrent plus d'approuver les empiétements de la maison de Savoie : ils voulurent lui donner plus encore, et sacrifier l'indépendance de Genève à l'ambition de Charles III. — De leur côté, les partisans de la liberté, après avoir simplement repoussé, comme Bonivard, ces usurpations mal fondées, en arrivèrent à méconnaître non-seulement les droits réels du duc, mais ceux, jusqu'alors non contestés, de l'évêque. Plusieurs même songeaient, dit-on, à secouer toute espèce d'autorité. Dès lors, Bonivard se sépara d'eux, mais sans se jeter dans le camp opposé, où il voyait la même exagération, le même esprit d'intolérance.

Dans la révolution religieuse qui fut, à Genève, la conséquence de la victoire des patriotes, le prieur de Saint-Victor joua le même rôle. Il favorisa la Réforme, mais sans vouloir l'imposer, sans en faire un moyen de destruction. Pour lui, ce devait être un retour volontaire au vrai christianisme, à la pureté évangélique, à l'amour de Dieu et des hommes. Il ne comprenait pas que ce pût être une œuvre de violence, une révolution, dans l'acception ordinaire du mot; car il ne s'agissait pas, selon lui, de supprimer des formes et des cérémonies, ou de les remplacer par d'autres, de briser des images et de renverser des idoles de pierre ou de bois: c'était l'idolâtrie intérieure, l'idolâtrie du cœur qu'il voulait voir abattre; et ce changement pouvait et devait s'accomplir sans violence, par la persuasion et la douceur ; ce ne devait être ni un moyen de despotisme, ni un prétexte pour vivre dans la licence et l'anarchie, mais une simple réformation de mœurs, telle que l'avait prêchée saint Bernard, telle que l'avait indiquée le concile de Constance, et qui n'aurait pas eu pour résultat de diviser la société chrétienne en deux camps ennemis.

Malheureusement, peu d'hommes voyaient la chose du même œil que Bonivard et comprenaient sa tolérance. La plupart, tout en se proclamant chrétiens, ne reconnaissaient d'autre dieu que la force, et de nouvelles luttes s'engagèrent sur ce terrain entre les partisans de l'autorité et ceux de la liberté, sans qu'ils songeassent à se faire réciproquement des concessions. Cette fois encore, Bonivard dut se tenir entre les deux camps, trop bon chrétien pour se jeter dans la mêlée avec la foi aveugle des uns ou le fanatisme des autres.

## III.

Sa conduite, dans ces deux révolutions, explique le peu d'influence dont il jouit à partir de cette époque. Les partis sont exigeants : ils veulent que l'on se donne à eux sans réserve, sans arrière-pensée, corps et âme, tête et tout. Et Bonivard n'était pas homme à s'abandonner ainsi : il faut, pour jouer un pareil rôle, ou beaucoup de faiblesse, ou un enthousiasme, une exaltation qui aveugle ; et lui n'avait rien de semblable. Ennemi de toute exagération, de tout système chimérique, de toute violence injuste, il disait trop naïvement le pour et le contre, voyait trop clairement les fautes de ses amis et les signalait avec trop de hardiesse, pour ne pas leur déplaire. Avec tant de bon sens et si peu d'amertume au cœur, on peut gagner l'estime publique, mais on ne devient jamais chef de parti.

Aussi, quoique Bonivard ait fait, par pur dévouement, d'énormes sacrifices, pour défendre l'indépendance d'un pays qui n'était pas le sien; qu'il ait puissamment contribué à fonder et à consolider les nouvelles institutions de Genève, par ses conseils, sa franchise et son courage; qu'il ait servi sa patrie d'adoption comme le plus zélé des citoyens, avec le désintéressement d'un chrétien et l'intrépidité d'un héros; que, par son esprit conciliant, il ait plus fait pour la Réformation véritable que bien des docteurs mieux connus, cependant, et malgré tous ces services, il ne conserva que fort peu d'influence sur ses concitoyens. Sa modération le rendit suspect à tous les partis, et si, dans les derniers temps de sa vie, il se décida à entrer ouvertement dans les rangs des Calvinistes, on ne l'accueillit qu'avec réserve et sans lui laisser prendre la moindre part aux affaires publiques. La justesse de son esprit le rendait supérieur à la plupart des hommes qui l'entouraient, mais elle l'empêcha toujours de faire secte.

Ne le plaignons pas d'ailleurs, car le même sort est réservé à tous ceux qui, comme lui, préfèrent la vérité à l'éclat, l'amour à la force, le naturel au faux brillant, le vrai christianisme à la religion du sectaire.

## IV.

Comme tout penseur modeste et consciencieux, Bonivard a son grain de scepticisme; beaucoup de prétendues vérités lui paraissent incertaines; il avait assez lu, assez réfléchi pour avoir appris à douter : commencement de la sagesse, qui en est quelquefois le dernier terme, a dit un de nos grands écrivains. Il croit peu, par exemple, aux institutions humaines, politiques ou religieuses, à leur durée ni à leur perfection ; mais son scepticisme modéré ne va pas plus loin : jamais il ne touche aux principes conservateurs de la morale, du christianisme et de l'ordre social ; il ne doute ni de Dieu, ni de la vertu, ni de nos devoirs, ni de notre immortalité, ni de la rédemption par Christ. Il est convaincu que l'homme qui aime son Créateur et son prochain doit hériter de la vie éternelle. Son caractère aimant lui fait considérer la charité comme la vertu essentielle du chrétien.

Sa morale est celle de l'Evangile ; elle a pour premier principe l'amour du prochain, sans distinction de pays, de classes, de mœurs et de religions. Elle est douce et facile ; car, s'il demande qu'on observe fidèlement les commandements de Dieu, il ne voit pas de nécessité à aller au delà ; réprouvant cette doctrine sévère et rigide qui veut qu'on ne puisse arriver au ciel qu'au moyen de peines et de souffrances, et qui fait cesser de vivre avant que l'on soit mort, il ne croit pas que Dieu exige la complète abnégation de nous-mêmes. Il conçoit la vertu sans combat et la préfère ainsi. Si les épreuves se présentent, il faut les subir avec courage ; mais mieux vaut les éviter, et nul ne doit les désirer. « Par le chemin de tribulation, dit-il, on va aussi bien au ciel, mais c'est ung cas qu'il faut porter patiemment quand il est force de passer par là. Si, ne le faut-il souhaiter toutefois si le pouvons éviter. L'on est beaucoup plus sûr d'arriver au giste par un chemin descombré de tous espieurs et questeurs que par celuy où il y en a ; et est la terrienne félicité un commencement de la céleste. »

Il aime donc à goûter tous les plaisirs, permis ou tolérés par la miséricorde divine. — A ses yeux, le bon chrétien est, avant tout, l'homme bon, charitable, aimant Dieu et son prochain, et prouvant sa foi par ses œuvres; car, à ses yeux, les œuvres valent mieux que cette prétendue foi belliqueuse et vaine qui discute au lieu d'agir. — Dans cette épineuse question, si souvent agitée, il sait garder un juste milieu entre ceux qui exaltent outre mesure le mérite des œuvres, et ceux qui le nient absolument. Il veut qu'elles soient inséparables de la foi, qui doit être une foi vivante et opérante, produisant nécessairement des œuvres.

Il rejette, par conséquent, la prédestination, qui rend les œuvres inutiles, et, bien qu'il ne sache trop comment accorder la prescience divine avec le libre arbitre, il se garde bien d'admettre que le sort de tout homme soit préordonné de toute éternité. Il n'était pas du nombre de « ces fantastiques qui, sous ombre de la prédestination éternelle de Dieu, ne tenaient pas compte de parvenir par le droit chemin à la vie promise aux chrétiens. »

## V.

On trouve le même bon sens, la même justesse dans les idées de Bonivard sur les institutions politiques. Il reconnaît l'égalité des hommes, mais il veut que l'on respecte les distinctions établies entre eux par la nature, l'habitude ou les lois, et que l'on conserve le gouvernement sous lequel on vit. — D'un côté, ceux qui gouvernent doivent guider le peuple et non l'opprimer, juger selon la loi et non de la loi, allier la sagesse et la bonté à leur puissance, et ne rien changer à la constitution contrairement à l'intérêt public; car ils sont faits pour le peuple et non le peuple pour eux.

Mais, de leur côté, les gouvernés doivent obéir, supporter patiemment la domination de leurs chefs, la regarder comme un bienfait de Dieu, si elle est douce, comme un châtiment, si elle est sévère, et ne se révolter que quand elle devient tyrannique. — Quant aux peuples libres, leur devoir est de maintenir leur indépendance en se préservant de l'anarchie.

L'institution de la noblesse lui paraît également respectable, quand on n'y introduit pas d'abus et quand elle est basée sur ce principe, que la véritable noblesse dérive de la vertu.

Quant au droit de propriété, il croit qu'il n'eût pas existé sans la chute d'Adam, et que les biens continueraient à rester communs entre tous les hommes, s'ils avaient su conserver la simplicité primitive. Mais, l'ayant perdue par le péché originel, il ne faut plus qu'ils songent à la recouvrer; et, par suite, la communauté de biens est devenue aussi impossible qu'absurde. C'est à la charité à remédier aux maux qui résultent de cette impossibilité.

Si le scepticisme de Bonivard ne touche jamais aux grands principes de la morale, sa raison en a d'autant plus de force pour battre en brèche les préjugés ridicules ou funestes de son siècle encore grossier et barbare. Qu'on lise ses traités de la Noblesse, des Etats politiques, de la Tyrannie papale, des difformes Réformateurs et des Miracles, et l'on verra avec quel succès il s'est acquitté de cette tâche; on reconnaîtra surtout que, lorsqu'il rit des inconséquences et des faiblesses de l'espèce humaine, c'est toujours sans amertume, et que tous ses écrits, comme tous ses actes, respirent l'amour de l'humanité.

Loin de nous la pensée de présenter Bonivard comme un

homme sans défauts, comme le modèle du chrétien. S'il n'eut pas de grands vices, il eut du moins de nombreuses faiblesses. Il est vrai que la plupart étant le résultat de sa bonté, de son caractère aimant et généreux, sont bien souvent dignes de pardon. Il ne lui manqua peut-être qu'un vice pour devenir un grand homme : l'ambition, l'orgueil, la haine, auraient pu lui faire jouer un rôle plus brillant, rendre son influence plus grande et son nom plus célèbre. Mais il aurait perdu en estime ce qu'il aurait gagné en gloire. Nous le préférons tel qu'il est ; à nos yeux, ce n'est point un héros, mais, ce qui vaut mieux, c'est un honnête homme.

## VI.

On a comparé Bonivard à Montaigne. Nous nous garderons bien de tomber dans cette exagération ; mais, tout en reconnaissant l'immense supériorité de l'auteur des *Essais*, nous ne nierons pas la ressemblance que l'on trouve entre ces deux écrivains.

Moins profond, moins créateur que Montaigne, Bonivard a cependant beaucoup de ses qualités. Il a, comme lui, une raison supérieure, une grande justesse d'esprit, beaucoup de vivacité et de clarté. Son style brille aussi par l'énergie, la naïveté, et, en même temps, par la finesse, par la hardiesse des expressions, la force des images, l'éclat des couleurs, et par une manière toujours neuve et originale.

Comme les écrits de Montaigne, ses traités sont un vaste répertoire de souvenirs et de réflexions nées de ces souvenirs ; c'est une longue confidence faite sans plan, avec tout le laisser-aller et le désordre d'une conversation, dans laquelle Bonivard, se rappelant tout ce qu'il a vu, lu ou entendu sur la politique, la religion, la morale, les mœurs et les coutumes des peuples, fait part de sa science et de ses idées à celui qui l'écoute.

Par suite, il est tout aussi primesautier que son illustre contemporain; comme lui, il ne va que par sauts et par gambades. Ses idées n'ont souvent d'autre lien que le voisinage des mots. A chaque instant il ouvre d'interminables parenthèses, dans lesquelles il s'égare lui-même en déroutant le lecteur.

Cependant ce désordre est parfois plutôt apparent que réel, et, quand on a la patience de suivre le guide partout où il lui plaît de courir, on finit presque toujours par trouver, entre des idées qui paraissaient d'abord complétement étrangères, un enchaînement logique et nécessaire qu'on n'avait nullement soupçonné.

Ce manque d'ordre et d'harmonie finirait sans doute par fatiguer, si l'esprit n'était pas tenu continuellement en éveil par les mille détails curieux et intéressants qu'il rencontre en chemin.

On peut reprocher au style de Bonivard d'être inégal, et de blesser quelquefois la décence; il en fait lui-même justice et le traite volontiers de rude et grossier langage. Mais il faut lui reconnaître du naturel, de la naïveté, de la clarté et de l'énergie. Ajoutons que la morale de ses écrits est toujours pure et chrétienne. Ses défauts sont ceux de son temps; mais, par ses qualités, il s'est élevé à la hauteur des bons écrivains de l'époque, et même des siècles suivants.

## VII.

Comme historien, Bonivard est loin d'être parfait. On trouve, à vrai dire, d'assez nombreuses taches dans ses écrits historiques; souvent il descend jusqu'à la trivialité, et ne se soutient pas assez à la hauteur qu'exige le genre qu'il aborde. Mais on pardonne facilement ces défauts à sa prose libre et fière, qui exprime si bien sa pensée fine et originale, parfois profonde, plus souvent ironique, mais jamais amère. On regrette, sans doute, de rencontrer trop fréquemment des expressions d'une crudité choquante, mais on regretterait peut-être davantage de les voir disparaître. Son tableau gagne en coloris ce qu'il perd en pureté de lignes, le relief compense le fini, et le pittoresque de l'effet désarme la sévérité du juge. Si les portraits sont trop chargés, si le modèle grimace un peu sous son crayon moqueur, on le lui pardonne encore, car sa critique n'est pas haineuse; il lance parfois des traits piquants et incisifs, sa plaisanterie est souvent mordante, mais la colère ne l'inspire jamais; jamais il ne tombe dans la diatribe; il rit toujours en corrigeant, et semble n'avoir pas eu la puissance de haïr. Après le combat, il était tout prêt à tendre la main aux ennemis.

Il raconte plus volontiers qu'il ne disserte; cependant ses idées sont loin de manquer de portée et de profondeur. Il ne se borne pas, comme la plupart des historiens de son temps, à présenter au lecteur un récit sec et tronqué, accompagné de réflexions insipides et de déclamations vides de sens. — Pour lui, chaque événement a une signification, une moralité et des conséquences qu'il cherche et découvre souvent. Ne se contentant pas des causes secondaires et apparentes, il remonte aux premières et aux plus cachées; doué d'un sens politique très sûr, il dévoile sans peine les motifs secrets qui font agir les principaux acteurs. Rarement il se trompe, rarement il cherche à tromper son lecteur.

Reconnaissons-lui le mérite, si rare, d'avoir vu dans les révolutions humaines le principe de vie qui émane de Dieu. Le spectacle des luttes de ce monde, le bruit des émeutes et des batailles ne lui ayant pas suffi, il a voulu voir la figure majestueuse du juge qui présidait au combat. Bien avant Bossuet, il reconnut Dieu dans l'histoire.

Ses chroniques ne sont point un ouvrage sans fautes, mais c'est un bon livre, des mémoires pleins d'intérêt, rédigés, sinon sans passion et avec une entière impartialité, chose impossible dans tous les temps, et surtout à cette époque agitée, du moins dans un esprit de vérité et de modération peu commun.

Bien que l'auteur ait joué lui-même un rôle important dans la révolution qu'il raconte, et que l'histoire de Genève soit, pour ainsi dire, la sienne, il se met rarement en scène; s'il le fait, c'est avec modestie et comme s'il s'agissait de tout autre que de lui. Il se blâme plus souvent qu'il ne fait son éloge, se glorifie peu des pertes et des souffrances qu'il a supportées, des dangers qu'il a bravés, et n'en prend pas prétexte pour récriminer contre ses oppresseurs, ni pour se poser en martyr.

Si parfois il associe sa destinée à celle de sa patrie adoptive, ce n'est cependant pas de ses propres malheurs qu'il entend parler, mais de ceux de la cité tout entière, dans lesquels il confond généreusement les siens. Ce n'est pas son propre courage qu'il exalte, mais celui de tous les

Genevois restés fidèles à Dieu et à leur patrie; et quand il s'écrie avec un juste orgueil : « Nous n'avons jamais eu le cœur lâche! » il ajoute aussitôt avec simplicité : « Quand je parle de nous, j'entends comme de ceux qui représentent le corps de la ville, de laquelle je me tiens pour un membre; et en nous appelant fidèles, nous ne cherchons pas notre gloire, mais celle de Dieu, qui se la ouvre en nous sans nous. »

Pour lui, il se range humblement au nombre de ces imprudents qui, par folie plutôt que par sagesse, avaient eu le bonheur de conquérir la liberté. Loin de faire parade de son dévouement, de son patriotisme, de se proclamer le libérateur de Genève, il se reproche presque la part qu'il a prise à la résistance des citoyens, entreprise insensée à ses yeux, et que le résultat seul avait excusée.

Il fait enfin aussi bon marché de son savoir et de son talent d'historien que de son courage civique et de son patriotisme, avouant, comme nous l'avons déjà dit, qu'il ne faisait que préparer le mortier pour les maçons : modestie qui l'honore d'autant plus, que, si beaucoup d'écrivains ont profité depuis de ses travaux, très peu sont parvenus à mieux faire.

Ses chroniques, en dépit des critiques dont elles ont été l'objet, sont encore et seront toujours la source la plus féconde et la plus pure de l'histoire de Genève.

## VIII.

Concluons en disant que, si l'on peut reprocher avec raison à Bonivard quelques faiblesses dans sa vie privée, quelques erreurs, quelques contradictions, quelques défaillances dans sa vie politique, il y aurait injustice et mauvaise foi à lui refuser les grandes qualités qui l'honorent : le désintéressement, le dévouement, la franchise, la pureté d'intentions, la droiture de cœur, l'amour de la liberté, la charité chrétienne et la tolérance.

Ajoutons que ses écrits, malgré leurs défauts, doivent participer à l'illustration de Genève, déjà si riche en talents distingués, et le placer au rang des bons écrivains français de son époque. C'est là sa véritable gloire; c'est là ce qui, plutôt que le souvenir de sa captivité, aurait dû ou devrait délivrer son nom de l'obscurité qui l'enveloppe encore.

# THÈSES.

I.

La France est le pays de la prose. La palme de la poésie peut lui être disputée, mais celle de la prose lui appartient sans conteste.

II.

Il y a une différence profonde, essentielle, entre la poétique française des deux derniers siècles, et celle qu'on a tenté de faire prévaloir dans le nôtre.

La poétique ancienne était un résultat de l'empirisme littéraire.

L'école moderne proteste contre cet empirisme, en faveur de la méthode rationnelle; elle proclame la liberté de l'art, c'est-à-dire la souveraineté de l'intervention divine; elle reconnaît que le génie réside dans l'inspiration et vient de Dieu, et que l'imagination est la vraie source de toute poésie.

III.

La littérature française, dite classique, est la plus éloquente peut-être, mais à coup sûr la moins poétique de toutes les littératures modernes.

Le sentiment de la nature extérieure et de Dieu est un fait presque nouveau dans la poésie et dans l'ensemble de la littérature française. C'est le caractère le plus distinctif de l'école moderne.

## IV.

Bien que la nature de la poésie, au moment où elle se montre, soit d'être folle, ou tout au moins de le paraître au bon sens vulgaire, il n'y a pas cependant opposition réelle entre la poésie et la raison. Il existe au contraire entre elles une conformité secrète et finale, que le temps révèle.

La raison poursuit et atteint la science; tandis que l'imagination n'atteint que la poésie, qu'on peut appeler la *prescience*.

La poésie n'étant que l'aurore de la science, a donc besoin, pour être appréciée à sa valeur, d'être jugée par l'imagination du jour et par la science du lendemain.

## V.

On ne doit pas confondre l'*impression du beau*, l'*état poétique* et l'*impression poétique*.

La poésie n'exprime pas la sensation immédiate, mais le sentiment intérieur qui résulte de cette sensation. — C'est en ce sens qu'elle est créatrice.

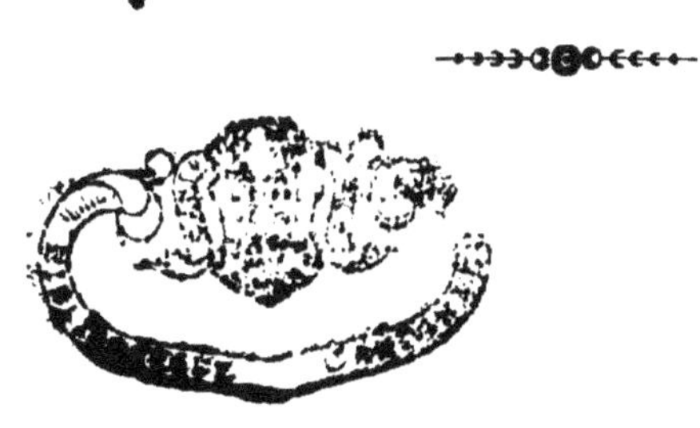

18 NOV. 1904

www.ingramcontent.com/pod-product-compliance
Lightning Source LLC
LaVergne TN
LVHW061944220826
846091LV00011B/4076

*9781286981382*